KB141429

공무원 마스터플랜

공무원 마스터플랜

초판 1쇄 발행 2022년 3월 1일

지은이   theD마스터플랜연구소(김학민)
발행인   조상현
마케팅   조정빈
편집인   김유진
디자인   김희진

펴낸곳   더디퍼런스
등록번호   제2018-000177호
주소   경기도 고양시 덕양구 큰골길 33-170
문의   02-712-7927
팩스   02-6974-1237
이메일   thedibooks@naver.com
홈페이지   www.thedifference.co.kr

ISBN   979-11-61253-40-4 03370

| 더스 | 더디 | 더디퍼런스 | 🅑 마이북 |

십대가 되고 싶은 직업 로드맵

공무원
마스터플랜

theD마스터플랜연구소 지음

더디퍼런스

공무원이 청소년에게 보내는 편지

전·현직 공무원들이 전한다. 공무원을 꿈꾸는 청소년에게 도움을 주는 말이다. 진심 어린 그들의 말에 귀 기울여 보자.

경찰공무원이 청소년에게

경찰공무원 입문 6개월 차 순경입니다. 청소년 여러분도 요즘 언론에서 경찰에 대한 비판적인 보도를 자주 접할 것입니다. 물론 경찰이 잘못하는 점도 있지만, 그래도 경찰은 많은 국민에게 사랑받는 직업입니다. 실제 직무를 수행하다 보면 사람들의 따스한 시선을 종종 만날 수 있습니다. 경찰은 국민을 돕는 직업이라는 사실을 잊지만 않는다면 큰 보람을 얻을 수 있습니다. 저 역시 어려움에 처한 사람을 도왔을 때 경찰로서 뿌듯함을 느낍니다.

경찰공무원이라는 직업이 청소년이 꿈꾸는 직업 5위 안에 늘 들어간다고 알고 있습니다. 경찰공무원은 그만한 가치가 있는 직업이라 생각합니다. 저는 누군가를 돕는 삶을 살고 싶은 청소년에게 경찰 제복을 꿈꾸라고 제안합니다.

_(현) 순경

소방공무원이 청소년에게

위험 속에서 누군가의 생명을 구한다는 것은 무엇과도 비교할 수 없는 값지고 보람된 일입니다. 그런 일을 직업으로 선택한다면 얼마나 멋지고 의미 있는 삶이 될까요? 저 역시 10여 년 이상 구조 현장에서 일한 소방관으로서 뜻깊은 삶을 살고 있습니다. 비록 어느 정도 위험은 감수해야 하지만 멋진 인생을 꿈꾼다면 소방공무원에 도전해보기를 권합니다.

_(현) 소방장

군인공무원이 청소년에게

나라를 지킨다는 자부심으로 평생 군에 몸담았습니다. 이 자부심은 군인만이 가질 수 있는 것입니다. 저는 대학을 가지 않은 사람이라면 부사관에 지원할 것을 적극 권합니다. 군대는 학력이 낮은 사람도 충분히 자신의 능력을 펼칠 수 있고, 인정도 받을 수 있는 조직입니다.

_(전) 육군 부사관

일반행정직 공무원이 청소년에게

청년 시절 9급 공무원으로 시작해 사십대 나이에 6급 공무원으로 일하고 있는 지방공무원입니다. 주민센터와 구청을 오가며 주민을 위해 봉사했고, 여전히 투철한 사명감으로 지역사회 발전에 이바지하고 있습니다.

공무원, 특히 지방공무원은 행정 최일선에서 국민을 위한 정책을 실현하는 역할을 맡고 있습니다. 그 귀한 일을 통해 큰 보람과 자부심을 얻을 수 있습니다. 청소년 여러분도 국민을 위해 일하는 멋진 공무원이 되기를 기대합니다. 도전하세요! 공무원의 길은 누구에게나 열려 있습니다.

_(현) 구청 공무원

사서직 공무원이 청소년에게

도서관은 조용한 공간이지만, 사서는 많이 바쁘답니다. 늘 꼼지락꼼지락, 바지런하게 도서관의 자료를 점검하고 확인해야 하거든요. 이런 업무 특성 때문일까요? 책을 좋아하는 마음이 무엇보다 중요하지만 어쩌면 이것저것 관심 많고 가만히 못 앉아 있는 사람이 사서에 더 어울릴 수도 있어요!

이제 도서관은 책만 읽는 공간이 아닙니다. 강연, 영화 상영 등 다양한 문화 활동이 이루어지는 복합 문화공간으로 바뀌었어요. 덕분에 사서는 예전보다 더 분주해졌답니다. 그렇다고 앞서 걱정하지 마세요. 도서관에서 가장 중요한 것은 책, 그리고 그 책을 만나러 도서관을 찾는 독자입니다. 이것만 잊지 않는다면 누구나 사서가 될 수 있습니다.

_(전) 공공도서관 사서

청소년이 꼭 알아야 할 공무원의 세계

영국의 극작가 조지 버나드 쇼는 "뜻이 있는 곳에 길이 있다"라는 명언을 남겼다. 무언가를 이루려는 의지가 있다면 그 이룸에 이르는 방법을 찾을 수 있다는 의미이다. 이 명언은 우리나라 미래의 공무원들에게도 통한다. 공무원이라는 직업에 뜻이 있다면 공무원이 되는 방법을 찾을 수 있다.

공무원으로 가는 길은 여러 갈래다. 경찰공무원, 소방공무원, 군인공무원, 행정직공무원 등 '진로'부터 참 다양하다. 각각의 진로로 향해 가는 '경로' 역시 많고 복잡하다. 경찰공무원만 해도 경찰대학 진학, 경찰공무원 시험, 경찰 간부후보생 시험 따위의 경로가 존재한다. 이들 중 어떤 경로가 자신에게 맞는지, 경로는 어떤 식으로 타야 하는지 일

일이 챙기기 어려운 것이 사실이다. 누가 꼼꼼히 조사하고 검토해서 알려주면 좋겠지만, 그런 도움을 줄 수 있는 사람을 만나기도 쉬운 일은 아닐 것이다.

바로 여기에 《공무원 마스터플랜》을 선보인 목적이 있다. 이 책은 미래의 공무원들을 돕기 위해 태어났다. '나'에게 맞는 진로를 찾아가는 방법, 그 진로에 알맞은 경로를 고르는 방법이 책 속에 담겨 있다. 나아가 공무원의 직업적 가치, 공무원의 삶과 현실, 공무원으로 살아남는 지혜도 이 책이 친절하게 가르쳐줄 것이다.

1장은 경찰공무원 편이다. 소매치기 예화를 통해 경찰공무원에 대해 즐겁게 배울 수 있다. 또한 언론에 자주 등장하는 법률 용어, 범죄자의 사법 처리 절차 같은 정보를 통해 시사 감각도 키울 수 있다. 2장은 소방공무원의 세계다. 화재 진압, 구조, 구급 등 소방공무원의 다채로운 활약상이 생생하게 펼쳐진다. 소방공무원의 현재와 미래에 대해서도 깊이 있게 다루었다.

3장에서는 군인공무원을 소개한다. 군인공무원의 장단점을 정확하게 파악할 수 있도록 여러 가지 정보를 알차게 담았다. 4장은 '공무원' 하면 누구나 떠올리는 9급 공무원의 이야기다. 주민센터와 구청처럼 국민과 가장 가까운 곳에서 일하는 9급 공무원의 웃음과 눈물을 만날 수 있다. 일반행정직 공무원뿐만 아니라 기술직 공무원도 소개하고 있어 진로 선택에도 도움을 받을 수 있다.

부록에서는 마약수사직·등대관리직·항공우주직 공무원 같은 이색적인 공무원을 소개한다.

'공시생'이란 단어가 표준말처럼 자리 잡은 요즘이다. 일상에서 자주 쓰이는 용어를 소개하는 '국립국어원 우리말샘'에서는 '공시생'을 "공무원이 되기 위하여 공무원 채용 시험을 준비하는 사람"이라 설명한다. '공시생'이 하나의 단어로 통용되는 것은 그만큼 공무원을 꿈꾸는 사람이 많다는 증거다. 왜 공시생의 수가 늘어났을까? 가장 두드러진 이유는 고용의 안정성이다. 실제로 많은 공시생과 공시 합격자들이 고용의 안정성을 지원 이유로 든다.

그런데 공무원 생활을 길게 못하고 다른 직업을 찾는 공무원의 수도 결코 적지는 않다. 공시라는 힘든 관문을 뚫고 얻은 안정적인 직장을 떠나는 이들은 대체로 이상과 현실이 다른 점을 이유로 꼽는다. 막상 공무원 세계에 들어가 보니, 꿈꾸었던 세계와 달랐다는 것이다. 무엇이 달랐을까? 《공무원 마스터플랜》에서 그들의 고민을 생생하게 전한다. 이는 미래의 공무원들이 진로를 정하는 데 꼭 필요한 요소이다. 이 요소를 빼먹는다면 올바른 공무원 길잡이라 할 수 없다. 길 어귀에서 망설이지 않도록, 길 한복판에서 헤매지 않도록 《공무원 마스터플랜》이 도와줄 것이다. 부디 동행하기 바란다.

theD 마스터플랜연구소

차례

1장
경찰공무원
마스터플랜

경찰공무원은
어떤 직업이지?

경찰은 국가공무원이다

국어사전에서는 경찰공무원을 "경찰 업무에 종사하는 공무원"이라 정의한다. 흔히 부르는 호칭은 '경찰관'이다. '경찰'이란 단어에는 두 가지 의미가 담겨 있다. '사회의 질서를 보장하고 국민의 안전과 재산을 보장하는 일'과 '그 일을 하는 조직'을 동시에 의미한다.

경찰은 공무원이다. 공무원은 국가나 지방자치단체의 업무를 맡은 사람을 가리킨다. 지방자치단체는 중앙정부와 연결되므로 넓게 보면 국가에 포함된다. 그런데 국어사전에서 공무원을 "국가나 지방자치단체의 업무를 맡은 사람"이라 정의하는 까닭은 제도상 '국가공무원'과 '지방공무원'으로 구분하고 있기 때문이다. 국가공무원은 입법, 사법,

행정의 국가 기관이, 지방공무원은 지방자치단체가 임명한다. 그러나 일상에서 국가공무원이란 말은 국가의 공무를 맡은 모든 공무원을 일컫는다. 군이 제도상의 국가공무원과 지방공무원을 구별하지 않는다. 한마디로 공무원은 국가 소속의 일꾼이다.

경찰은 제도상 국가공무원에 해당한다. 법적으로는 국가 행정 기관인 행정안전부 소속이다. 사회의 질서와 국민의 안전을 지키는 경찰 업무가 공적인 일이기에 국가는 경찰 조직을 공무원으로 두었다. 그런데 머지않아 경찰공무원 중에 지방공무원도 생겨날 전망이다. 2021년부터 자치경찰제도가 시행되었기 때문이다. 정부는 지역 주민의 복리 향상을 위해 지방자치단체장에게 경찰권을 부여한 자치경찰제도를 만들었다. 이 제도로 탄생한 자치경찰은 시장이나 도지사의 감독 아래 지역을 위해 일한다. 정부는 2022년까지 경찰공무원 인력의 36퍼센트에 달하는 43,000여 명을 자치경찰로 임명할 예정이다. 또한 현재 국가공무원 신분인 자치경찰을 점차 지방공무원으로 바꿀 계획이다.

국가와 국민으로부터 받은 사명

회사의 일꾼인 회사원은 회사법의 테두리 안에서 활동한다. 국가의 일꾼인 공무원의 경우 공무원법이 회사법을 대신한다. 공무원의 임용 기준, 징계 절차, 보수, 신분 보장, 복무규정 등을 정한 것이 공무원법이다. 여기서 공무원법이란 포괄적 의미의 용어이다. 법률적으로는 국가공무원법과 지방공무원법이 따로 마련되어 있다. 또한 경찰공무원에게는 국가공무원법에 포함된 경찰공무원법이 적용된다.

경찰공무원법 복무규정의 제3조 1항은 경찰의 사명에 관한 것이다.

제3조 1항 경찰사명

경찰공무원은 국가와 민족을 위하여 충성과 봉사를 다하며, 국민의 생명·신체 및 재산을 보호하고, 공공의 안녕과 질서를 유지함을 그 사명으로 한다.

사명은 '맡겨진 임무'이다. 국가는 경찰공무원에게 국가와 국민을 위해 일하라는 임무를 맡겼다. 경찰공무원은 이 임무를 충실히 수행해야 할 의무가 있다.

어느 유도선수가 지하철에서 소매치기 현장을 목격했다고 가정해보자. 유도선수는 의협심을 발휘해 여성의 가방에서 지갑을 슬쩍한 소매치기범을 가로막았다. 그러자 소매치기범이 주먹질을 하며 덤벼들었다. 하지만 유도선수의 업어치기에 당해 바닥에 팽개쳐졌다. 유도선수는 틈을 주지 않고 소매치기범의 손에서 지갑을 빼내려 했다. 그 순간 소매치기범은 잽싸게 바지춤 속으로 지갑을 쑥 넣어버렸다. 결국 유도선수는 지갑까지 찾아주지는 못했다. 어쨌든 유도선수가 여성을 도운 일은 칭찬받아 마땅하다. 그의 행동은 정말 의롭다. 그런데 유도선수가 여성을 안 도왔다고 해도 그를 비난할 수는 없다. 유도선수는 그저 국민의 한 사람일 뿐 경찰공무원이 아니기 때문이다. 그에게 여성의 재산을 지켜줄 의무는 없는 것이다.

하지만 경찰공무원이라면 이야기가 다르다. 경찰공무원이 소매치기범을 그냥 눈감아주었다면 비난받아 마땅하다. 경찰공무원의 의무를 저버렸기 때문이다. 실제로 경찰공무원이 이런 행동을 보였다면 비난의 화살을 맞는 것으로 끝나지 않을 것이다. 직무를 게을리하면 안 된다는 경찰공무원법을 어긴 것으로 여겨져 징계를 받을 가능성이 높다.

공권력으로 치안을 유지하다

사회의 안녕과 질서를 유지하는 일을 '치안'이라고 한다. 경찰공무원은 치안을 지킬 의무가 있고, 그 의무 수행을 위해 부여받은 권리가 있다. 그 권리는 국민이 안겨준, 이른바 공권력이다. 공권력을 가진 경찰공무원은 치안을 위협하는 범죄자를 체포할 수 있다. 즉 지하철의 소매치기범을 체포할 권리가 있다. 하지만 범죄자 체포가 목적이라도 지나친 완력을 행사하거나 권총 같은 무기를 함부로 쓰면 곤란하다. 범죄자가 거칠게 저항하거나 흉기로 대항하는 등 꼭 필요한 상황에서만 써야 한다. 경찰공무원의 이러한 구체적인 직무 수행에 관해서는 국가공무원법과 별도로 '경찰관직무집행법'으로 규정하고 있다.

그런데 위에서 예로 든 지하철 소매치기범은 현행범이다. 현행범이란 범죄를 저지르는 중에 또는 범죄를 저지른 직후 범행 장소를 벗어나기 전에 붙잡은 범인이다. 현행범은 경찰공무원이 아닌 그 누구라도 체포가 가능하다. 유도선수에게도 체포할 권리가 있다. 여기서 체포란 현행범이 도망 못 가게 조치하는 일을 뜻한다. 법률적 용어로 '행동의 자유'를 빼앗는 것을 뜻한다. 유도선수라면 아마도 누르기 기술로 소매치기범을 꼼짝 못 하게 만들었을지도 모른다. 다만 유도선수와 같은 일반인의 권리는 여기까지다. 일반인은 체포한 현행범을 수사 기관에 넘겨야 한다. 이때 직접 경찰서로 끌고 갈 필요는 없다. 112에 신고한 뒤 출동한 경찰공무원에게 넘기는 것이 안전하고 힘도 덜 든다.

체포에는 한 가지 뜻이 더 있다. 법원에서 발부한 체포

영장에 따라 피의자●를 잡아 일정 기간 유치장(경찰서 내 감금 시설)에 가두는 일도 체포라고 한다. 이는 일반인에게 없는, 경찰공무원 고유의 권한이다. 다만 현행범은 체포 영장 없이 체포가 가능하다. 즉 지하철 소매치기범의 경우 경찰공무원은 그 자리에서 수갑을 채워 경찰서로 데려가 유치장에 가둘 수 있다.

2021년, 인기 유튜브 방송의 멤버들이 체포된 예가 있다. 그들은 명예훼손 혐의로 여러 사람에게 고소 및 고발●●을 당한 상태였다. 경찰공무원은 이들에게 경찰서에 출석해 조사받을 것을 수차례 요구했지만 묵살당했다. 이에 경찰공무원은 법원에서 체포 영장을 발부받아 두 사람을 체포했다. 체포당한 그들은 유치장에서 이틀 동안 지내야 했다.

경찰입니다, 경찰서에 갑시다

경찰공무원은 범죄자로 의심되는 사람에게 불쑥 다가가 용건, 행선지, 이름, 나이, 주소 등을 물을 권리가 있다. 필요하면 신분증을 확인하거나 소지품을 검사할 수도 있다.

● 범죄 혐의가 있어서 형사 입건되었으나, 아직 재판에 넘겨지지 않은 사람.
●● 고소 및 고발에 관한 자세한 내용은 '마스터플랜 GOGO' 참조.

이런 행위를 '불심검문'이라고 한다. 불심검문을 실시할 때 경찰공무원이 꼭 지켜야 할 사항이 있다. 경찰신분증을 제시해 경찰공무원임을 밝히고 불심검문의 이유와 목적을 설명하는 일이다.

불심검문 장소가 피검문자(검문받는 사람)에게 불리하거나 교통에 방해를 준다고 판단될 때 경찰공무원은 피검문자에게 경찰서에 함께 갈 것을 요구할 수 있다. 이를 임의동행이라고 한다. 단, 임의동행은 피검문자의 동의 없이는 불가능하다. 아무리 수상한 사람이라도 범죄의 확실한 증거가 없다면 경찰서에 강제로 끌고 갈 수 없다. 강제적인 임의동행은 경찰관직무집행법에 어긋난다.

경찰공무원 조직

경찰공무원 조직의 최상위 기관은 행정안전부다. 그런데 행정안전부는 조직 체계상 가장 높을 뿐이다. 경찰 업무를 담당하는 실질적인 최상위 기관은 행정안전부 소속의 경찰청이다. 한편 경찰청의 책임자는 경찰청장으로, 대한민국 경찰공무원의 일인자다.

경찰청은 중앙 경찰 기관이다. 업무 분담을 위해 18개의 시·도 경찰청을 하부 기관으로 두고 있다. 서울경찰청, 강원도경찰청 등 시나 도의 이름을 내세운 경찰청들이 바로 그것이다. 또한 시·도 경찰청들은 저마다 경찰서, 지구대, 파출소를 두어 지역의 치안을 다스린다. 2021년 기준으로 우리나라에는 경찰서 257개, 지구대 585개, 파출소 1,437개가 운영되고 있다.

파출소는 가장 작은 경찰 기관이다. 동네마다 하나씩 자리하고 있기에 시민들과 거리상으로 가장 가까운 경찰 기관이다. 파출소는 각종 신고 처리, 지역 순찰 등의 업무를 맡는다. 112에 신고하면 대부분의 경우 파출소의 경찰공무원이 출동한다.

지구대는 파출소와 성격이 같은 경찰 기관이다. 차이점은 파출소보다 규모가 조금 클 뿐이다. 지구대 한 개는 보통 파출소 서너 개를 합친 규모다. 따라서 범인 체포를 위해 출동이 필요할 때 경찰공무원을 여럿 동원할 수 있는 장점이 있다.

경찰서는 파출소와 지구대의 상급 기관이다. 상급 기관답게 보통 200명 이상의 경찰공무원이 근무한다. 서울의 경우 구(區)마다 설치되어 있다. 예를 들어, 서울 서초구는 서초경찰서가 지역을 관리한다. 경찰서에서는 흔히 '형사(刑事)'라고 부르는 경찰공무원을 만날 수 있다. '형사'는 경찰공무원의 특정 계급이나 직급 이름이 아니다. 사복 차림으로 범인 체포나 수사 활동을 벌이는 경찰공무원을 통틀어 이르는 호칭이다.

　파출소와 지구대에서는 붙잡은 범죄자를 처벌하거나 추가로 수사할 필요가 있을 경우 상급 기관인 경찰서로 넘긴다. 그런데 범죄는 살인, 사기, 절도, 뺑소니, 아동학대, 사이버폭력 등 그 종류가 다양하다. 때문에 경찰서에서는 효율적인 수사를 위해 범죄 성격에 맞게 부서를 운영한다. 형사과는 살인을, 교통과는 뺑소니를, 여성청소년과는 아동학대를 담당하는 식이다.

　부서 이름은 경찰서마다 조금씩 다르지만, 주요 수서 부사의 이름은 대체로 같다. 앞서 등장한 지하철 소매치기범은 소매치기로 절도죄를 저질렀다. 절도죄를 저지른 그는 파출소의 경찰공무원에 의해 경찰서에 넘겨질 것이다. 그리고 경찰서 형사과에서 조사를 받을 것이다. 형사과와 같은 수사 부서에서 활약하는 경찰공무원이 바로 형사이다.

경찰서를 움직이는 부서들

　경찰서는 우두머리인 경찰서장 아래 여러 부서로 나뉘어 움직인다. 다음은 2022년 서초경찰서의 조직 구성도이다.

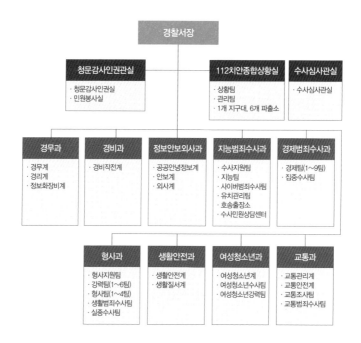

경찰서장

청문감사인권관실
· 청문감사인권실
· 민원봉사실

112치안종합상황실
· 상황팀
· 관리팀
· 1개 지구대, 6개 파출소

수사심사관실
· 수사심사관실

경무과
· 경무계
· 경리계
· 정보화장비계

경비과
· 경비작전계

정보안보외사과
· 공공안녕정보계
· 안보계
· 외사계

지능범죄수사과
· 수사지원팀
· 지능팀
· 사이버범죄수사팀
· 유치관리팀
· 호송출장소
· 수사민원상담센터

경제범죄수사과
· 경제팀(1~9팀)
· 집중수사팀

형사과
· 형사지원팀
· 강력팀(1~6팀)
· 형사팀(1~4팀)
· 생활범죄수사팀
· 실종수사팀

생활안전과
· 생활안전계
· 생활질서계

여성청소년과
· 여성청소년계
· 여성청소년수사팀
· 여성청소년강력팀

교통과
· 교통관리계
· 교통안전계
· 교통조사계
· 교통범죄수사팀

경무과는 기업의 총무과와 비슷하다. 경찰서의 재산 관리, 물품 관리, 인사, 교육, 복지 등을 맡는다. 경비과는 경찰공무원 사회에서 '몸이 고생하는 부서'로 손꼽힌다. 시위 및 집회의 경비, 선거 경비처럼 몸으로 부딪치는 일을 많이 하기 때문이다. 정보안보외사과는 이름처럼 정보 수집이 주 업무다. 신원 조사, 각종 사건의 동향 파악, 시위 및 집회 정보 수집 등 다양한 정보를 관리한다. 교통과는 한마디로 교통경찰과 관계가 깊은 부서다. 교통사고 처리, 교통안전 관리, 음주운전 단속, 어린이 교통경찰대 운영 등이 주 업무다.

지능범죄수사과, 경제범죄수사과, 형사과, 여성청소년과 는 수사 부서다. 지능범죄수사과는 공무원 범죄, 선거 범 죄, 밀수 범죄, 성매매 범죄, 사이버 범죄 등을 수사한다. 특 히 인터넷이 발달한 요즘에는 'N번방 사태'●와 같은 사이 버 범죄를 막는 데 큰 힘을 기울이고 있다. 경제범죄수사과 는 사기, 횡령처럼 돈과 관련된 범죄를, 형사과는 살인, 강 도, 절도, 납치, 방화처럼 굵직한 사건을 다룬다. 여성청소 년과의 주요 업무는 가정폭력, 성폭력, 아동학대 사건이다. 여성청소년과는 사건 수사 외에 학교폭력범죄 예방, 아동 안전지킴이집 운영도 하고 있다.

생활안전과는 범죄 예방 및 순찰, 총포, 화약류 같은 불 법무기 단속, 쓰레기 투기나 소음 발생 따위의 경범죄 단 속, 불법 업소 단속 등을 한다. 길 잃은 사람이나 다친 사람 도와주기, 청소년 보호하기 등도 생활안전과의 일이다. 한 마디로 시민들과 가장 많이 만나는 부서이다. 한편 2020년

● 아동성착취물을 찍고 유포한 디지털 성범죄. N번방은 범죄자들이 사용한 채팅방 이름이다.

까지는 파출소와 지구대를 관리하는 일이 생활안전과의 핵심 업무였다. 그런데 2021년 자치경찰제도의 시작과 더불어 경찰 조직 체계가 개편되면서, 112치안종합상황실이 파출소와 지구대를 담당하게 되었다. 현재 파출소와 지구대의 경찰공무원은 단계적으로 자치경찰로 바뀌어가는 중이다. 112치안종합상황실은 112에 접수된 신고를 처리하는 사령탑이다. 신고에 대해 순찰차에 출동 명령을 내리고, 사건 상황에 따라 지휘도 한다. 경찰서뿐만 아니라 각 시·도경찰청에도 설치되어 있다.

마지막으로 청문감사인권관실은 경찰공무원의 비리를 밝혀내는 일, 경찰공무원의 부당한 행동에 대한 시민의 민원을 처리하는 일 등을 한다. 경찰공무원의 모범적인 행동을 발굴해 소개하는 일도 아울러 하고 있다.

그 경찰서에 마약수사팀이 있는 이유

앞서 경찰서마다 부서 이름은 조금씩 다를 수 있다고 말했다. 한 예로, 서울 영등포구를 담당하는 영등포경찰서의 경우, 서초경찰서의 지능범죄수사과와 비슷한 일을 하는 부서 이름이 '수사과'이다. 또한 서초경찰서의 정보안보외사과에 해당하는 부서는 공공안녕정보외사과와 안보과, 둘로 나뉘어 있다.

과에 설치하는 수사팀도 다소 다를 수 있다. 서초경찰서에는 실종수사팀이 형사과에 속해 있는데, 영등포경찰서는 여성청소년과에 두고 있는 것이 그런 경우다. 서울 강남구를 맡고 있는 강남경찰서도 실종수사팀을 여성청소년과에 두고 있다. 또한 강남경찰서 형사과에는 서초경찰서와 영등포경찰서에는 없는 마약수사팀이 설치되어 있다. 보통 마약 범죄는 각 시·도 경찰청에 설치된 마약범죄수사대에서 수사한다. 강남경찰서에 마약수사팀이 있는 이유는 그 지역의 마약 관련 범죄가 다른 지역에 비해 많기 때문이다. 지역 특성상 어떤 특정 범죄가 잦을 경우 관련 수사팀을 두거나 수사팀의 수를 늘리기도 한다. 강남경찰서에는 경제범죄수사과가 두 개인데, 이와 같은 이유 때문이다.

한편 마약범죄수사대를 운영하는 시·도 경찰청에는 광역수사대라는 것이 있다. 광역수사대는 사회적 관심도가 높은 사건이나 지방경찰청 관할에서 두 곳 이상의 경찰서에 걸쳐 일어난 큰 규모의 사건을 담당한다. 2019년 유명 가수 A와 대형 연예기획사 대표 B가 연루되어 세상을 들썩이게 만든, 이른바 '버닝썬' 사건을 예로 들 수 있다. 당시 이 사건은 서울경찰청 광역수사대가 수사했다.

경찰공무원에게 처벌할 권한은 없다

다시 지하철 소매치기범 이야기로 돌아가보자. 절도죄로 경찰서 형사과로 넘겨진 그는 어떻게 될까? 현행범이기에 '형사 입건'을 피하기는 어렵다. 형사 입건이란 형법으로 다룰 공식 사건으로 확정하는 일이다. 범죄자에게 형벌을 내리기 위한 법을 형법이라 하고, 형법에 적용받는 사건을 형사(刑事)라고 한다. 즉 소매치기는 형법에 적용받는 절도 사건이라, 담당 형사는 소매치기범을 형법으로 처벌하기 위해 형사 입건을 하게 된다. 그리고 본격적으로 수사에 돌입한다. 한편 형사 입건이 되는 순간 소매치기범의 신분은 피의자로 변한다.

피의자가 된 소매치기범의 수사를 마친 형사가 할 일은 둘 중 하나다.

① 기소 의견으로 검찰에 송치
② 불송치 결정

법치국가인 우리나라에서는 법에 따라 범죄자의 처벌 여부를 결정한다. 그 일을 사법이라 한다. 사법에 관여하는 사람은 경찰공무원, 검찰공무원, 사법공무원이다. 쉽게 말해 경찰관, 검사, 판사다. 경찰관은 형사 입건해서 수사한 사건에 형벌이 필요하다고 느끼면 수사보고서에 '기소 의견'을 달아 검사에게 넘긴다. 검사는 그 수사보고서를 참고해 추가 수사를 한 뒤 경찰관과 같은 결론을 얻으면 판사에게 재판을 요청한다. 검사가 판사에게 재판을 요청하는 일을 '기소'라고 한다. 판사는 기소된 사건에 대해 재판을 열어 범죄자에게 유죄 또는 무죄를 선고한다. 유죄를 선고할 때 적절한 형벌을 내린다.

경찰공무원에게는 기소의 권한, 즉 판사에게 재판을 요구할 권한이 없다. 그것은 검사의 권한이다. 경찰공무원의 권한은 '검사에게 수사보고서와 함께 기소가 필요하다는 의견을 전하는 것'까지다. '기소 의견으로 검찰에 송치'한다는 표현의 의미는 바로 이것이다. 그런데 경찰공무원이 기소 의견으로 송치한다고 해서 검사가 꼭 기소하는 것은 아니다. 검사의 판단에 피의자가 죄가 없다고 생각되면 검사는 기소를 안 할 수 있다. 검사가 기소를 안 하면, 즉 '불기소 결정'을 내리면 피의자는 자유의 몸이 된다.

한편 '불송치 결정'이란 경찰관이 형사 입건한 사건을 검찰에 넘기지 않을 때 내리는 결정이다. 경찰관은 피의자에게 죄가 없다고 판단되면 불송치 결정을 할 수 있다. 이 경우 경찰 선에서 사건이 마무리되며, 피의자는 풀려난다. 다만 피해자가 경찰의 불송치 결정에 이의신청을 하면, 검사가 해당 사건을 검토해서 기소 여부를 결정할 수 있다.

어떤 경찰공무원이 있을까?

우리 사회에서는 다양한 형태의 경찰공무원이 활약하고 있다. 몇 가지 특색 있는 경찰공무원에 대해 알아보자.

1) 경찰특공대

각 시·도 경찰청장의 지휘 아래 특수 임무를 수행하는 경찰 조직이다. 18곳 시·도 경찰청 중 13곳에 마련되어 있다. 테러 진압 및 예방이 주요 임무이며, 인질 구출, 귀빈 경호, 폭발물 처리, 국가의 중요 행사에서 안전 지원 등의 활동을 한다.

코로나 상황에서 경찰특공대는 인천공항에 들어온 백신이 물류센터로 이동하기까지 '백신 수송 경호 작전'을 펼쳤다. 또한 2021년 추석에 전북경찰청 경찰특공대는 군산공항, 익산역을 중심으로 대테러 안전 활동을 벌였다.

2) 범죄심리분석 수사관

경찰청과 각 시·도 경찰청에 소속되어 있으며, 보통 프로파일러(profiler)라고 한다. '묻지마 범죄'나 연쇄 살인처럼 뚜렷한 범행 동기를 찾기 힘든 범죄에 대해 범죄심리학을 바탕으로 수사하는 수사관이다. 2021년 8월 연쇄 살인으로 사회에 충격을 안긴 강윤성의 범행 동기와 심리 상태를 알아내기 위해 프로파일러 4명이 수사에 나선 것이 최근의 사례이다.

특히 범죄의 물증이 부족한 경우 프로파일러의 활약이 두드러진다. 프로파일러는 피의자의 행동 특성과 심리를 파악하고 비슷한 범죄 사례의 데이터를 분석해서 범죄를 입증하거나 자백을 받아낸다. 또한 범인을 못 잡아 수사가 늘어지는 경우 프로파일러가 투입될 수 있다. 이때 프로파일러는 범인이 남긴 흔적과 범행 패턴 등을 분석해서 형사가 범인을 찾는 데 도움을 준다.

3) 인터폴

'인터폴(Interpol)'은 국제형사경찰기구(International Criminal Police Organization)의 줄임말이다. 한마디로 국제경찰 조직이다. 본부는 프랑스의 리옹에 있다. 1923년 20개국으로 출발한 인터폴의 가맹국은 2018년 기준 194개국으로 늘어났다. 우리나라는 1964년에 가입했으며, 현재 경찰청의 외사국이란 부서에서 한국 인터폴이 활약하고 있다. 인터폴로 일하고 싶다면 먼저 경찰공무원이 되어야 한다. 이후 경찰청 외사국에서 인재를 뽑을 때 지원하면 된다. 한마디로 인터폴은 경찰공무원만 응시할 수 있다.

인터폴은 국제 범죄자나 외국으로 도망간 범죄자의 정보를 공유하고, 해당 국가에 수사 협조 및 범죄자 인도를 요청하는 일을 한다. 영화에서 인터폴이 직접 범인을 체포하고 수사하는 장면이 종종 나오는데, 이는 사실과 다르다. 인터폴은 체포 및 수사 권한이 없다. 해당 국가 경찰에게 체포 및 수사 그리고 범죄자 인도를 요청할 수 있을 뿐이다.

가령 우리나라 지하철 소매치기범이 미국으로 도망갔다고 치자. 이때 한국 인터폴은 미국 인터폴에 소매치기범의 정보를 제공하고 소매치기범을 잡아 한국으로 보내줄 것을 요청한다. 이후 소매치기범 체포에 나서는 것은 미국 인터폴이 아니라 미국의 지역 경찰관이다.

4) 해양경찰

바다의 치안을 책임지는 경찰공무원이다. 정부 기관인 해양수산부 아래 해양경찰청을 최상위 기관으로 두고 있다. 우리 바다를 침범한 외국 선박을 감시하고 퇴치하는 일, 바다에서 일어나는 강도, 절도, 밀수, 밀입국과 같은 범죄를 예방하고 단속하는 일을 주로 한다. 해양 오염 방지 활동, 해상 구조 활동도 해양경찰의 주 업무이다.

해양경찰이 되려면 해양경찰청에서 1년에 한두 차례 시

행하는 '해양경찰청 소속 경찰공무원 채용시험'에 합격해야 한다. 시험에 대한 자세한 내용은 해양경찰청 홈페이지(www.kcg.go.kr)를 참고하자.

5) 경찰항공대

헬리콥터로 하늘을 누비는 경찰공무원이다. 각 시·도 경찰청마다 설치된 경찰항공대는 인명 구조, 지역 순찰, 긴급 출동 등을 한다. 예를 들어, 고속도로 위 공중에서 교통법규 위반 차량을 잡거나 범인이 탄 도주 차량을 쫓을 때 경찰항공대가 활약한다. 경찰항공대 요원은 조종사와 정비사로 나뉜다. 경찰청에서는 필요시에 채용 시험을 보는데, 관련 자격증이 있고 실무 경력이 있는 사람만 지원 가능하다.

경찰공무원의 직업적 성격

1) 사람을 돕는 직업

제주도의 어느 날 아침, 출근길 도로 한복판에서 버스가 갑자기 멈춰 섰다. 때마침 순찰 중이던 두 명의 지구대 경찰공무원이 버스 안으로 뛰어들었다. 운전기사가 동공이 풀린 채 의식을 잃어가고 있었다. 경찰공무원들은 곧바로 119에 신고한 뒤 응급 처치를 했다. 그들의 빠른 대처로 다행히 버스기사는 의식을 되찾았다. 자칫 큰 사고로 이어질 뻔한 상황을 경찰공무원이 막은 것이다. 이 사건은 언론에 보도되어 많은 이들에게 훈훈함을 안겼다. 당시 두 경찰공무원은 인터뷰에서 "도민들을 안전하게 보호하기 위해 앞으로도 열심히 뛰겠다"고 말했다.

　경찰공무원을 흔히 '민중의 지팡이'라 부른다. 걷기 힘든 사람의 지지대가 되는 지팡이처럼 국민을 돕는 존재라는 의미가 담긴 표현이다. 경찰공무원은 범죄자를 잡는 일만 하는 사람이 아니다. 국민의 곁에서 지팡이처럼 국민을 돕는 사람이다. 열심히 뛰면서!

2) 법과 국민을 보호하는 수호자

　편의점 주인이 손님에게 뺨을 맞았다. 주인이 손님에게 마스크를 써달라고 부탁했는데, 기분이 상한 손님이 폭행을 저지른 것이다. 손님은 뺨을 때리는 것에 그치지 않고 계속 욕설을 퍼부었다. 결국 주인이 112에 신고해 경찰이 출동한 뒤에야 손님의 난동은 잦아들었다. 주인은 손님을 폭행 및 방역법 위반으로 고소하기로 마음먹었다. 코로나 사태가 길어지면서 일어난 실제 사건이다.

　손님은 '폭력행위 등 처벌에 관한 법률'과 '방역법'을 위반했다. 법을 어긴 손님 탓에 주인은 피해를 입었다. 그 피해로부터 벗어나려고 경찰공무원에게 도움을 구했다. 이와 같이 누군가가 법을 어기는 일로 피해를 당할 때 대부분의 사람은 경찰을 찾는다. 경찰공무원이 가장 가까이에서 법과 국민을 보호하는 수호자이기 때문이다.

3) 누구보다 모범을 보여야 하는 직업

이따금 경찰공무원의 범죄 또는 부적절한 행동이 언론을 장식할 때가 있다. 2021년 새해가 밝은 지 얼마 안 되었을 때의 일이었다. 한 경찰공무원이 한밤중에 금은방을 털었다가 같은 경찰공무원에게 체포된 것이다. 절도죄를 저지른 그 경찰공무원은 빚을 많이 져서 범행을 했다고 털어놓았다.

경찰공무원의 범죄가 자주 있는 일은 아니다. 법을 어기는 경찰공무원 또한 소수이다. 그런데 경찰공무원이 나쁜 짓을 하면 평범한 사람들보다 더 손가락질 당한다. 국민들이 경찰의 그릇된 행동에 더 분노하는 이유는 무엇일까? 경찰공무원이 법과 질서를 어기는 사람을 통제할 권한이 있는 직업이기 때문이다. 그런 직업을 가진 사람이 더 모범을 보이기를 누구나 기대하기 마련이다.

경찰공무원에게 필요한 능력

1) 강한 체력과 무술 능력

순찰, 긴급 출동, 주간과 야간 교대 근무 등은 경찰공무원 업무의 특징이다. 체력이 달리면 감당하기 힘들다. 또한 도망가는 범인을 뒤쫓아야 할 때도 있는데, 이때도 체력이 받쳐주지 않으면 곤란하다. 범인이 순순히 체포에 응하지 않고 덤비는 경우 무술을 써야 한다. 그런 일을 대비해 경찰공무원은 유도, 태권도, 합기도, 검도 같은 무술을 익힌다. '체포술' 역시 따로 배운다. 체포술은 범인을 체포하는 데 적절한 동작으로 만들어낸, 경찰 고유의 무술이다.

2) 준법정신

경찰공무원도 잘못을 저지를 수 있다. 금은방을 털었던 경찰공무원도 빚을 갚아야 한다는 압박감에 범죄의 유혹을 떨치지 못했다. 사람은 누구나 곤경에 처하면 그릇된 마음을 품을 수 있다. 경찰공무원이라고 예외일 수는 없다. 하지만 경찰공무원은 그런 순간에도 자신의 신분과 사명을 되새기며 마음을 다스려야 한다. 경찰공무원이 법과 질서를 무너뜨렸을 때 생기는 파장은 결코 작지 않다. 국민에게 충격과 실망을 던져줄 뿐만 아니라 경찰공무원 전체의 신뢰를 땅에 떨어뜨린다.

3) 봉사정신

경찰공무원은 국민을 위해 일하는 사람이다. 범죄자를 잡아 국민의 안전을 지키는 일은 언제나 위험이 따른다. 범죄자가 경찰공무원을 공격하는 일도 심심찮게 있기 때문이다. 가끔은 생명을 위협하기도 하는 이 위험한 일을 사명감만으로 해내기는 어렵다. 봉사정신이 바탕이 되어야 한다. 또한 경찰공무원은 다친 사람을 돕거나 길을 잃은 어르신을 보호하는 등 그야말로 '민중의 지팡이'로 활동한다. 지팡이처럼 국민의 곁에서 국민을 도우려면 투철한 봉사정신이 필요하다.

4) 추리력

범죄 사건에서 범인이 선명하게 드러나지 않을 때가 있다. 최근에야 진짜 범인이 밝혀진 화성연쇄살인사건은 20여 년이나 미궁 속에 빠져 있었다. 또한 범인이 요리조리 도망을 다녀 쉽게 못 잡는 경우도 왕왕 있다. 범인은 가만히 서서 잡혀 주지 않는다. 경찰과 숨바꼭질을 벌이기 마련이다. 정체가 가려져 있거나 도망다니는 범인을 잡으려면 경찰공무원은 추리력을 동원해야 한다. 범행 흔적, 범행 패턴, 범인의 이동 경로 등 여러 정보를 모아 분석해서 범인을 쫓아야 한다.

5) 의사소통 능력

피해자와 가해자가 애매하거나 서로 자신이 피해자라고 주장하는 경우가 많다. 특히 교통사고나 폭행 사건에서 이런 상황과 종종 맞닥뜨린다. 이때 경찰공무원은 양쪽 의견을 귀 기울여 들어야 하며, 또한 양쪽 모두 솔직하게 진술할 수 있도록 대화를 이끌어야 한다. 그러려면 의사소통 능력을 갖추는 것이 중요하다. 의사소통 능력이 부족하면 경찰공무원 스스로 판단의 근거를 얻는 데 어려움을 겪는다. 부족한 근거로 내린 판단은 틀리기 쉽고, 틀린 판단은 자칫 억울한 사람을 만들어낼 수 있다.

경찰공무원이
되기까지

경찰공무원의 계급

먼저 경찰공무원의 계급부터 알아보자. 경찰공무원의 계급은 순경~경사, 경위~총경, 경무관~치안총감의 3단계로 나뉜다.

〈경찰공무원의 계급과 휘장 모양〉

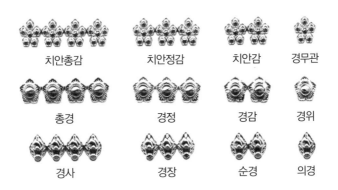

의무경찰을 일컫는 의경은 군 의무 복무를 경찰 생활로 대신하는 경찰로, 정식 경찰공무원은 아니다. 정식 경찰공무원은 순경부터다. 계급은 순경, 경장, 경사, 경위, 경감 순으로 높아진다. 즉 순경이 가장 낮으며 치안총감이 가장 높다. 치안총감은 경찰의 우두머리인 경찰청장의 계급이다. 경찰서장은 총경 또는 경장 계급에서, 시·도 경찰청장은 치안정감, 치안감, 경무관 계급에서 선발한다.

순경, 경장, 경사는 이른바 일반 경찰공무원이다. 지구대와 파출소에서, 즉 국민과 가장 가까이서 뛰는 경찰공무원은 대부분 이들 계급이다. 경위부터 그 위의 계급은 간부급이다. 경무관 이상의 계급은 군인으로 치면 '별 계급장'을 다는 장군에 해당한다.

경찰공무원 시험에 도전하라

일반 경찰공무원인 순경과 간부인 경위가 되는 방법은 다르다. 순경은 1년에 두 차례 실시하는 경찰공무원 시험, 즉 '경찰공무원 공개경쟁채용 시험'으로 뽑는다. 합격의 기쁨을 누리려면 필기, 신체·체력·적성 검사, 응시자격 심사, 면접까지 4개의 관문을 뚫어야 한다. 1차 관문인 필기시험은 2022년부터 다소 변화가 생겨 영어, 한국사, 헌법, 형사법, 경찰학 모두 5과목을 치른다. 2021년까지는 영어와 한국사만 필수였고, 몇 가지 선택 과목이 있었다.

필기시험은 노력하면 통과할 수 있다. 하지만 2차 관문인 신체·체력·적성 검사는 노력만으로 통과하기 어려운 면이 있다. 먼저 '적성' 부문은 사명감, 윤리 의식, 성격 등을 점검하는 과정인데, 평소 바른 인성을 기르는 데 힘쓴다면 큰 어려움은 없다. '체력' 부문도 노력 여하에 따라 얼마든지 가능하다. 팔굽혀펴기, 윗몸일으키기, 양손 악력, 100미터 및 1,000미터 달리기 평가는 꾸준한 운동으로 거뜬히 넘어설 수 있다. 문제는 '신체' 부문이다. 기본적으로 신체검사에 합격할 수 있는 건강을 지니고 있어야 한다. 시력, 청력도 일정 기준에 미치지 못하면 불합격이다. 심한 색각(색을 분별하는 감각) 이상도 불합격 사유다.

경찰공무원 시험에 학력 제한은 없다. 18세 이상 40세 이하의 대한민국 국민이라면 누구나 도전할 수 있다. 하지만 선천적으로 심한 색각 이상자이거나, 불의의 사고로 시력이나 청력을 잃었다면 도전의 기회를 얻지 못한다. 따라서 경찰공무원을 꿈꾼다면 평소 건강관리와 안전사고 예방에 힘쓰는 것이 무척 중요하다.

3차 관문인 응시자격 심사는 응시자의 국적, 범죄나 징계 여부 등을 확인하는 단계다. 평소 바른생활을 했다면 별 문제될 것 없다. 마지막 관문인 면접도 넘지 못할 벽은 아니다. 당당하게, 솔직하게 임하면 된다.

경찰청은 경찰청 홈페이지(www.police.go.kr)와 사이버경찰청 홈페이지(gosi.police.go.kr)에 경찰공무원 시험 공고를 낸다. 공고를 내면서 응시자가 준비할 사항을 친절히 알려준다. 평소 관심을 갖고 이를 검토하면 준비에 많은 도움이 될 것이다.

또 다른 선택, 경찰간부후보생 시험

간부급인 경위부터 경찰공무원을 시작하는 방법도 있다. 경찰대학에 진학하거나 '경찰간부후보생 공개경쟁선발시험'에 응시하는 두 가지 방법이다.

경찰간부후보생 시험은 21세 이상 40세 이하 대한민국 국민이면 누구나 치를 수 있다. 순경을 뽑는 경찰공무원 시험처럼 4개 관문을 거치는 선발 절차는 같다. 다만 필기시험을 2차에 걸쳐 치른다는 점, 범죄학이 필수과목으로 추가되는 점, 행정법, 행정학, 민법 중 한 과목을 선택과목으로 정해야 하는 점 등은 다르다. 시험을 주관하는 곳이 경찰대학이라 채용 공고는 경찰대학 홈페이지(www.police.ac.kr)와 사이버경찰청 홈페이지에 낸다. 그곳에서 자세한 시험 정보를 얻을 수 있다.

경찰공무원을 꿈꾸든 경찰간부후보생을 목표로 삼든 헌

법, 형사법, 경찰학 등은 독학으로 공부하기에 어려운 면이 있다. 공교육기관인 학교에서 배우는 과목도 아니다. 때문에 많은 예비 응시생들이 사설 학원에 의존하고 있는 것이 현실이다. 평소 관련 학원의 교육 과정이나 평판 등을 꼼꼼히 살피는 일도 부지런히 하는 것이 좋다.

경찰대학과 일반 대학의 경찰행정학과

경찰대학은 4년제 국립대학이다. 일반 대학처럼 고등학교 졸업 학력을 인정받은 사람과 졸업 예정자들에게 입학의 기회를 준다. 인문계열, 자연계열 구분 없이 응시가 가능하다. 또한 육군사관학교를 졸업하면 육군 소위가 되듯이, 경찰대학을 졸업하면 경위가 된다. 신입생 모집 요강은 경찰대학 홈페이지에서 볼 수 있다. 2022학년도 신입생 모집 요강에 따르면, 다음과 같은 기준으로 일반전형 신입생을 뽑았다.

· 1차 필기시험 성적: 20%

· 체력검사 성적: 5%

· 면접시험 성적: 10%

· 학교생활기록부 성적: 15%

· 대학수학능력시험 성적: 50%

1차 필기시험은 경찰대학 자체 시험으로 국어, 영어, 수학 세 과목을 본다. 이 성적은 20퍼센트 반영된다. 합격에 가장 큰 영향을 미치는 것은 대학수학능력시험이다. 반영 비율이 50퍼센트나 되므로 교과 과정 공부를 열심히 해야 한다. 1차 필기시험도 교과 과정에서 벗어나지 않으므로 경찰대학이 꿈이라면 학교 공부가 기본이다. 체력검사 항목은 경찰공무원 시험의 항목과 비슷하며, 신체검사를 통과해야 하는 조건은 동일하다.

　　2022학년도 특별전형은 농어촌 학생, 국가유공자 자녀, 다문화가족 자녀, 기초생활 수급자 등에게 기회가 주어졌다. 자세한 내용은 해당 모집 요강에서 찾아볼 수 있다.

　　2년제 대학을 포함한 일반 대학의 경찰행정학과(경찰학과 포함)에 진학하는 것도 고민해볼 만하다. 물론 이들 학과를 졸업한다고 해서 경찰관의 길로 직행하는 것은 아니다. 보통 사람들과 똑같은 조건 아래 경찰공무원 시험이나 경찰간부후보생 시험을 치러야 한다. 다만 체계적으로 관련 공부를 하며 시험 준비를 할 수 있기에 보다 유리하다.

　　경찰행정학과 전공자들만의 특별한 기회가 있기는 하다. 그 기회는 경찰청에서 시행하는 '경찰공무원 경력경쟁채용시험'에서 주어진다. 이 시험은 기업으로 치면 경력직 사원을 뽑는 시험인데, 흔히 '경채'라고 부른다. 경채를 통해

'의료사고', '재난사고', '학대예방', '현장감식' 등 다양한 분야에서 경력자를 선발한다. 즉 의료 기관, 재난 기관, 사회복지 기관, 과학수사 관련 기관에서 일한 경력자를 뽑는 것이다.

또한 '경찰행정' 분야의 일꾼을 뽑기도 하는데, 경찰행정학과 전공자는 바로 이 분야에서 혜택을 받을 수 있다. 경찰행정학과 전공자들만 지원할 수 있기 때문이다. 해당 분야에 합격하면 '경찰행정공무원'이란 이름표를 달고 경찰청, 시·도 경찰청, 경찰서에서 경무, 경리, 사무 지원 등의 행정 업무를 맡는다. 단, 경찰행정공무원은 경찰공무원이 아닌 일반 공무원에 해당한다. 경찰청에 소속되긴 하지만 일반 공무원의 업무를 하기 때문이다.

자격증으로 가산점 받기

순경이든 경위든, 꼭 필요한 자격증이 있다. 바로 1종 보통 이상의 운전면허증이다. 어떤 경찰공무원이든 순찰차를 몰아야 할 상황이 생길 수 있기에 운전면허증은 필수다. 없으면 경찰공무원 시험에 떨어진다.

필수 자격증은 아니지만 가산점을 받을 수 있는 쏠쏠한 자격증이 있다. 순경의 경우 석사 및 박사 학위, 무도 2단 이상 단증, 한국어 능력 및 외국어 능력 관련 자격증, 정보

처리·전자·통신 관련 자격증, 재난·안전 관련 자격증 등 다양한 분야의 자격증이 가산점 대상이 된다. 상세한 내용은 경찰공무원 시험 공고문에서 확인할 수 있다. 청소년 신분으로 도전 가능한 자격증을 알아보고 차근차근 준비하는 것도 좋은 방법이다.

경위를 뽑는 경찰간부후보생 시험에서도 자격증으로 가산점을 받을 수 있다. 가산점 대상의 자격증은 순경의 경우와 거의 비슷하다. 시험 공고문에 자세한 안내가 나온다. 시험마다 공고 내용이 다르므로 그때그때 확인해서 준비해야 한다.

특별한 경찰이 되는 특별한 방법

1) 경찰특공대

경찰특공대는 '폭발물 분석', '폭발물 처리', '전술' 세 분야로 나뉘어 있다. 세 분야 모두 유도, 태권도, 검도, 합기도 중 한 가지 이상 무도에서 2단 이상 자격증을 가지고 있어야만 응시 자격을 얻는다. 응시자는 체력시험과 형법, 형사소송법, 경찰학개론 세 과목의 필기시험을 치른다.

다만 각 분야마다 관련 자격증 또는 실무 경력이 있어야 지원 가능하다. 가령 폭발물 분석 요원이 되려면 화약류제조기사, 위험물기능장 같은 자격증을 갖고 있거나 관련 기관에서 3년 이상 일한 경력이 있어야 한다. 전술 요원은 남자의 경우 특전사, 해병대 같은 특수부대에서 18개월 이상 복무한 사람이 응시할 수 있다. 여자의 경우 별도의 체력시험만 통과하면 된다. 경찰특공대 시험에 관한 자세한 내용은 경찰청의 공고문에서 확인할 수 있다.

2) 범죄심리분석 수사관

현재 프로파일러가 될 수 있는 방법은 두 가지다. 앞서 언급한 경채에서 범죄심리분석 수사관을 채용할 때 응시하는 것이다. 하지만 관문이 넓지는 않다. 우선 채용 인원이 적고, 심리학 또는 범죄심리학 관련 석사학위를 가진 사람에게만 응시 기회를 주기 때문이다. 다른 한 가지 방법은 일단 경찰공무원 시험에 합격한 뒤 범죄심리 분석관에 도전하는 것이다. 기존 경찰공무원이 과학 수사 교육을 받아 프로파일러가 되는 제도가 있다.

3) 101경비단

101경비단은 청와대 경비를 전문적으로 맡는 경찰공무원이다. 순경을 뽑는 '경찰공무원 공개경쟁채용 시험', 즉 경찰공무원 시험 때 함께 선발한다. 계급도 순경부터 시작한다. 경찰공무원 채용 원칙에는 기본적으로 남녀 구분이 없다. 남녀의 비율을 나누어 각각 뽑거나, 남녀 통합해서 총 인원을 정해놓고 뽑는다. 다만 101경비단은 아직은 남자만 응시 가능하다. 키 제한도 있어 170센티미터에 미치지 못하면 응시할 수 없다.

경찰공무원으로
살아간다는 것

경찰공무원의 좋은 점

어느 날 자정 무렵, 경북 안동경찰서 옥동지구대 소속 A순경은 한 여성이 차에 뛰어들려 한다는 신고를 받고 현장에 출동했다. A순경은 차분한 대화로 그 여성을 달랜 뒤 집으로 돌려보냈다. 그런데 얼마 후 112 상황실에 그 여성의 신고가 접수되었다. 남자친구가 유리창을 부수며 난동을 피운다는 내용이었다. 다시 출동하게 된 A순경은 두 사람을 진정시키고 지구대로 돌아왔다.

30여 분쯤 지났을까. A순경은 찜찜한 기분에 여성의 집 주변으로 순찰을 나갔다. 여성이 처지를 비관하는 말을 자꾸 했던 것이 못내 마음에 걸렸기 때문이다. A순경의 예감은 적중했다. 여성이 7층 난간에 매달려 있었던 것이다. 깜

짝 놀란 A순경은 순찰차에서 내려 7층으로 뛰어 올라갔다. 이번에도 역시 차분하게 여성을 설득했다. 20분 정도 설득 끝에 다행히 목숨을 끊으려는 여성의 마음을 돌려놓을 수 있었다.

이 사건은 2021년 9월 10일 자 〈영남일보〉에 소개된 사건이다. 〈영남일보〉와의 인터뷰에서 A순경은 "그분이 극단적 선택을 하지 않은 것에 큰 보람을 느낀다"고 말했다. 엄밀히 말해 A순경에게 여성의 집 주변을 다시 순찰할 의무는 없다. A순경은 경찰공무원으로서의 사명감에 스스로 움직인 것이다. 그 결과 국민의 생명을 구할 수 있었고, 경찰공무원으로서 보람을 느낄 수 있었다.

경찰공무원의 힘든 점

안타깝게도 경찰공무원의 순직률은 매우 높은 편이다. 2014년부터 2017년까지 3년 동안 순직자 수가 64명이나 된다. 경찰공무원은 업무 특성상 위험에 노출된 정도가 크다. 흉기를 든 범죄자와의 몸싸움, 도로에서의 음주운전 단속 등은 안전을 보장받기 힘든 일이다.

스스로 목숨을 끊는 경찰공무원의 수도 적지 않다. 2021년 한 해 동안 무려 16명의 경찰공무원이 세상을 등졌다. 범죄자에게 받는 외상, 끔찍한 범죄 현장이 주는 충격, 민원인을 상대하면서 받는 스트레스 등이 경찰공무원의 마음을 병들게 만든다. 2021년 건강보험공단의 경찰공무원 대상 진료 자료에 따르면 우울증을 앓는 경찰공무원 수가 최근 5년 동안 꾸준히 늘었다고 한다.

어떤 직업이든 그 직업 활동에서 받는 고유의 스트레스가 있다. 한 예로, 골잡이로 소문난 프로축구 선수도 몇 경기 내내 골을 넣지 못하면 초조함과 불안을 겪는다고 한다. 프로축구 선수와 경찰공무원의 스트레스를 비교하는 것은 다소 무리지만, 경찰공무원이 스트레스가 큰 직업인 것만은 틀림없다. 그러나 두려워할 필요는 없다. 경찰공무원으로서 느끼는 보람, 경찰공무원만의 자긍심은 무척 크다. 수많은 경찰공무원이 그 보람과 자긍심으로 스트레스를 이겨내며 국민을 위해 일하고 있다.

수고하고 받는 정당한 대가

한국직업정보시스템(www.work.go.kr)의 2019년 조사 자료에 따르면, 경찰공무원의 임금 수준은 다음과 같다.

· 하위(25%): 연 3,129만 원

· 중위(50%): 연 3,715만 원

· 상위(25%): 연 4,601만 원

매해 달라지므로 현재와 다소 차이가 있지만, 경찰공무원의 임금 수준이 낮다고 보기는 어렵다. 다른 분야에서 일하는 공무원에 비해 높은 수준이다. 경찰공무원을 꿈꾸는 수험생들의 인터넷 카페에는 높은 연봉 때문에 경찰의 길을 선택했다는 글도 올라온다.

물론 임금에 대한 만족도는 저마다 다를 수 있다. 또한 일반 사람들 중에는 경찰 월급이 높다고 불만인 사람도 있을 것이다. 분명한 것은 경찰공무원은 정당한 대가를 받고 있다는 점이다. 국민을 지키는 가치 있는 일을 하면서, 그에 따른 위험을 감수하고 있기 때문이다.

동일 조사 자료에 따르면 2019년 경찰공무원의 직업 만족도는 67.8점이다. 형편없이 낮은 점수는 아니다. 임금 만족도가 높으면 곧 직업 만족도도 높아지는 게 공식은 아니지만, 관계가 깊은 것은 사실이다. 경찰공무원의 길을 선택할 때 충분히 참고할 가치가 있다.

경찰공무원의
미래

경찰공무원의 마음 건강과 국민의 안전

경찰청에는 경무인사기획관이란 부서가 있다. 경무인사기획관에 속한 하위 부서로 복지정책담당관이 있는데, 이곳에서는 경찰공무원의 복지를 돕는다. 순직, 마음 건강, 공상(공무를 하다가 입은 상처) 회복 등의 대책을 세우고 지원하는 부서다. 그런데 마음 건강 분야의 담당 경찰공무원이 겨우 한 명일 만큼 전체적으로 인력이 적다고 한다. 직업병을 앓는 경찰공무원들이 경찰공무원 사회 테두리 안에서 치유받기 힘든 현실을 보여준다. 경찰공무원 개개인이 사명감과 자긍심으로 무장해 직업병과 싸우며 일하고 있다고 보아도 무리가 아니다.

국회 상임위원회 가운데 하나인 행정안전위원회에서도

경찰공무원의 복지 향상에 대해 지적한 바 있다. 복지 향상
은 경찰공무원 조직이 더 관심을 갖고 개선해야 할 부분이
다. 경찰공무원의 마음 건강이 약해지면, 국민의 안전이 위
태로워지는 결과를 낳을 수 있다. 병들고 지친 의사가 환자
를 제대로 돌볼 수 없는 것과 같은 이치다.

검경수사권 조정의 의미

2021년 1월 1일부터 검경수사권 조정이 이루어졌다. 우
리나라에서 범죄 수사 권한이 있는 사람, 즉 수사권이 있는
사람은 검찰공무원과 경찰공무원이다. 검경수사권 조정에
는 여러 내용이 있지만, 핵심은 수사종결권이다. 수사종결
권이란 더는 수사를 진행하지 않고 마칠 수 있는 권리이다.
지난날 경찰에게는 이 권리가 없었다. 피의자가 죄가 없다
고 판단되어도 무조건 수사보고서를 검찰에 넘겨야 했고,
수사 종결 결정은 검사가 내렸다. 검사가 수사를 계속하라
고 하면 또 해야만 했다.

다시 지하철 소매치기범으로 돌아가자. 담당 형사는 수
사 결과 소매치기범이 죄가 없다고 판단했다(물론 그럴 가능
성은 매우 희박하지만). 예전에는 이런 경우 '불기소 의견'으
로 검찰에 사건을 보냈다. 재판받을 필요가 없다는 의견을
달아 검찰에 넘긴다는 뜻이다. 사건을 건네받은 담당 검사

는 자신의 판단에도 정말 죄가 없다고 생각되면 수사를 종결했다. 반대로 죄가 있다고 생각되면 경찰에 재수사를 지시하거나, 자신의 권한으로 재판에 넘겼다.

2021년 검경수사권 조정 이후 이런 일은 사라졌다. 경찰은 앞서 언급한 '불송치 결정'을 내려 수사를 종결할 수 있게 되었다. 담당 형사가 소매치기범에게 죄가 없다고 생각하면 검찰에 넘기지 않고 소매치기범을 풀어줄 수 있게 된 것이다.

검경수사권 조정에 대한 국민의 시각은 기쁨 반, 걱정 반이다. 검찰의 거대했던 권력이 줄어든 것에는 환영하고, 경찰이 수사를 제대로 안 하고 종결했을 경우 피해자가 생길까 봐 우려한다. 이 우려를 잠재울 수 있는 사람은 경찰공무원 자신이다. 검경수사권 조정은 이제 막 시작되었다. 경찰로서는 국민의 신뢰를 더 두텁게 쌓을 기회이다.

4차 산업혁명 시대와 과학 치안

4차 산업혁명 시대가 가까워지면서 경찰공무원 사회도 변화가 요구되고 있다. 4차 산업혁명은 정보통신기술에 뿌리를 둔 기술혁명이다. 이 기술이 눈부시게 발전하면서 덩달아 사이버 범죄도 늘어났다. 이런 상황에서 이른바 '과학 치안'이 경찰의 화두로 떠올랐다. 디지털 지식과 정보통신

기술을 갖춘 수사와 이를 수행할 수사 요원이 필요해진 것이다. 또한 국제화 시대, 지구촌 사회로 가면서 외국인 범죄, 산업정보 유출, 밀수 등의 범죄가 늘어나는 분위기다. 테러의 위험도 점점 커지고 있다. 이를 막을 사람은 누가 뭐래도 경찰공무원이다.

이와 같은 현실에서 경찰공무원 인력은 앞으로 더 늘어날 전망이다. 단순히 일자리의 증가가 아니라 다양한 분야의 인재에게 경찰공무원이 될 수 있는 기회가 생긴다는 데 더 의미가 있다. 여하튼 경찰의 일자리가 늘어난다는 것은 예비 경찰공무원에게 희소식이다.

예비 경찰공무원이 알아야 할 법률 용어

지하철 소매치기범은 범죄자다. 그에게 지갑을 소매치기 당한 여성은 범죄 피해자(이하 피해자)다. 피해자는 범죄자가 법에 따라 처벌을 받도록 국가에 요구할 수 있다. 그 요구에 응하는 일선 기관이 바로 경찰이다. 우리나라에서는 보통 경찰의 수사로 시작해서 마지막 법원의 재판을 통해, 즉 사법 절차를 거쳐 범죄자에게 형벌을 내린다. 그 과정에서 등장하는 법률 용어에 대해 알아보자.

'고소'란 무슨 뜻일까?

고소란 피해자가 수사 기관에 범죄 사실을 신고해서 범죄자가 재판을 받게 해달라고 요구하는 행위다. 수사 기관이란 경찰과 검찰을 말한다. 경찰에 고소하든, 검찰에 고소하든 그것은 피해자의 선택이다. 검찰에 고소할 경우 검찰은 먼저 경찰에 수사를 맡긴다. 검찰에 고소해도 수사는 경찰에서부터 시작되는 것이다. 예외적으로 검찰이 직접 수사하는 경우도 있다. 대통령령으로 정한 '6대 범죄(규모가 큰 부패범죄 및 경제범죄, 공직자범죄, 선거범죄, 방위사업범죄, 대형참사범죄)'와 '경찰공무원이 지은 범죄'는 검찰이 바로 수사할 수 있다.

고소는 보통 고소장을 작성해 수사 기관에 제출하는 것으로 이루어진다. 고소장에 특정한 양식은 없다. 피해자(또는 고소인)의 인적사항과 피해 입은 내용을 분명하게 기록하면 된다. 범죄자(또는 가해자, 피고소인)의 인적사항도 적게 되어 있으나 누구인지 모를 경우 '성명불상자'라 적으면 된다.

'고발'이란 무슨 뜻일까?

고발은 피해자가 아닌 제삼자가 수사 기관에 범죄자를 신고하고 재판을 요구하는 행위이다. 고소와 그 의도는 똑같다. 다시 말해 피해자가 하면 고소, 제삼자가 하면 고발이다.

가령 유도선수가 소매치기범의 패거리에게 보복성 집단

폭행을 당했다고 치자. 이때 유도선수가 소매치기 패거리를 폭행죄로 처벌해달라고 수사 기관에 직접 신고하고 재판을 요구하면, 이것은 '고소'이다. 그런데 유도선수는 너무 심하게 맞아 병원에 입원한 채 꼼짝도 못 하게 되었다. 그를 가엾게 여긴 피해 여성이 대신 수사 기관에 신고하고 재판을 요구했다. 여성의 이 행위는 '고발'이다.

'친고죄'란 무슨 뜻일까?

소매치기를 당한 여성은 피해자로서 경찰에(또는 검찰에) 고소장을 낼 수 있다. 하지만 그럴 필요가 없다. 경찰이 알아서 형사 입건을 하고 기소 의견을 달아 검찰에 넘길 것이다. 소매치기에 의한 절도죄는 친고죄가 아니기 때문이다.

친고죄란 피해자가 직접 고소해야만 수사 기관이 수사하고 기소하는 범죄이다. 피해자의 고소가 없으면 수사를 진행하지 않는다. 모욕죄, 업무상비밀누설죄, 사자명예훼손죄 등이 대표적인 친고죄이다.

'반의사불벌죄'란 무슨 뜻일까?

소매치기범을 수사한 경찰은 기소 의견이 달린 수사보고서를 검찰에 보냈다. 그것을 검토한 검사는 역시 죄가 있다고 판단해 소매치기범을 기소했다. 그런데 이후 피해자인 여성이 소매치기범의 딱한 사정을 알게 되었다. 직장을 잃고 먹고살 길이 막막해 소매치기에 나섰다는 사연이었다. 소매치기범이 딱해진 피해자는 법원에 처벌불원서를 제출했다. 처벌불원서란 범죄자(재판에 넘겨진 상태에서는 '피고인')의 처벌을 원치 않는다는 내용을 적어 법원에 제출하는 공식 문서이다.

피해자의 처벌불원서가 효력을 발휘해 소매치기범은 무죄를 선고받을 수 있을까? 그럴 수 없다. 절도죄는 반의사불벌죄가 아니기 때문이다. 반의사불벌죄란 피해자가 공식적으로 처벌을 원하지 않는다는 의사 표시를 하면 범죄자를 처벌하지 않는 범죄이다. 폭행죄, 명예훼손죄 등이 반의사불벌죄에 속한다. 반의사불벌죄가 아닌 범죄, 즉 절도죄를 비롯해 살인죄, 성범죄 등은 무조건 처벌하는 범죄이다. 그러므로 소매치기범은 처벌불원서 덕분에 조금 가벼운 형벌을 받을지는 모르겠지만, 무죄를 선고받을 수는 없다.

2장
소방공무원
마스터플랜

소방공무원은
어떤 직업이지?

모든 재난 현장에 있는 사람

'소방'이라는 단어의 사전적 의미는 "화재를 진압하거나 예방함"이다. 그런데 실제로 소방공무원은 화재를 진압하거나 예방하는 일만 하지 않는다. 응급 환자를 돌보거나 위험에 빠진 사람을 구조하는 일도 한다. 즉 소방공무원은 온갖 재난, 재해, 사고 현장에서 국민의 생명, 신체, 재산을 보호하는 사람이다. 흔히 소방관이라 불린다.

국민의 안전을 책임지는 소방공무원은 행정안전부 소속의 국가공무원이다. 2020년 4월 1일 대한민국 소방공무원 전체가 국가공무원 신분을 얻었다. 그 전까지는 99퍼센트가 지방공무원, 단 1퍼센트만 국가공무원이었다. 최상위 기관인 소방청이 임명한 극소수의 국가공무원이 지방자치단체가 임명한 대다수의 지방공무원을 지휘하고 감독했던 것이다. 지난날 지방공무원이 대부분이었을 때는 지역마다 소방 서비스에 차이가 있었다. 예산이 적은 지역은 소방 인력이 적고 장비 규모도 작아서 소방 활동에 애로사항이 많았다. 이는 고스란히 국민에게 피해로 돌아갔다. 소방공무원이 국가공무원으로 바뀌면서 이런 상황이 점차 개선되고 있다.

화재진압대원은 불을 끄고, 구조대원은 구조하라

소방공무원은 하는 일에 따라 화재진압대원, 구조대원, 구급대원으로 나눌 수 있다.

'화재진압대원'은 불이 났을 때 소방차를 타고 출동해서 소방 호스로 불을 끄는 소방공무원이다. '구조대원'은 구조 전문가다. 교통사고 현장, 건물 붕괴 현장, 홍수 피해 현장 등 재난과 재해가 일어난 곳은 어디든 출동해서 구조 작업을 펼친다. 화재 현장일 경우 구조대원은 화재진압대원과 함께 출동한다. 이때는 건물 안으로 들어가 불길을 잡는 일에도 뛰어든다. 또한 대피하지 못한 사람을 구하는 일, 목숨을 잃은 사람의 시신을 수습하는 일도 한다.

응급 환자가 생겼을 때 출동하는 '구급대원'은 응급 처치 후 의료 기관으로 옮기는 일이 주 업무다. 구급대원은 화재 현장에도, 구조 현장에도 출동한다. 즉 화재진압대원이나 구조대원과 늘 함께 움직인다. 응급 환자 또는 부상자는 어떠한 상황에서도 생겨날 수 있기 때문에 구급대원의 손길이 필요하다.

예를 들어, 달콤중학교에서 수업 시간 중에 불이 났다고 가정해보자. 이 경우 화재진압대원과 구조대원과 구급대원이 모두 출동한다. 화재진압대원은 학교 건물 밖에서 불을 끄고, 구조대원은 건물 안으로 들어가 불길을 잡으며 학생들을 대피시킨다. 그리고 구급대원은 혹시 환자가 발생할 상황을 대비해 한쪽에서 대기한다.

동료애로 뭉친 소방공무원

경찰관에게 경찰공무원법이 있듯이 소방관에게는 소방공무원법이 있다. 소방공무원법 복무규정 제3조는 소방공무원의 복무 자세에 대해 규정한다. 그중 제3조 1항은 다음과 같다.

제3조(복무 자세)

① 소방공무원은 상급자·하급자 및 동료 간에 서로 예절을 지키고 상부상조의 동료애를 발휘하여야 한다.

달콤중학교의 화재 현장으로 다시 가보자. 이때 불을 끄고, 구조하고, 응급 환자까지 챙기는 일을 소방공무원 혼자 해내기는 불가능하다. 구조대원과 구급대원 없이 화재진압대원만의 힘으로 세 가지 일을 다 하는 것 역시 어렵다. 또한 대원들의 수가 아무리 많더라도 서로 마음이 안 맞아 다투거나 우왕좌왕한다면 화재 진압, 구조, 환자 수습 어느 하나 제대로 되지 않을 것이다. 그런 까닭에 소방공무원에게는 협업이 무엇보다 중요하다. 동료애는 두말할 것 없다. 소방공무원의 업무는 그 어떤 직업의 업무보다도 위험하다. 위험한 환경에서 이기적인 마음을 먹으면 동료가 위험에 빠지기 쉽다. 동료의 빈자리는 결국 소방 공백을 가져오며, 소방 공백은 소방공무원뿐 아니라 현장 모든 사람의 안전에 악영향을 미친다.

타기 전에 예방하라

불과 사투를 벌인 소방공무원의 노력으로 다행히 달콤중학교에 일어난 화재는 진압되었다. 불씨가 시작된 곳이 2층 화장실이라 2층의 교실 몇 곳이 불에 탔지만 학교 건물은 끄떡없었다. 문제는 화장실 뒤쪽이 바로 주택가였는데, 자칫 불길이 그쪽으로 번졌으면 피해가 더 커질 뻔했다.

학교 2층 화장실 뒤쪽에는 취약 계층이 모여 사는 집들이 있었다. 지역 소방서에서는 이번 학교 화재를 계기로 취약계층 거주지에 화재 대비책을 마련해야 할 필요성을 느꼈다. 이에 지자체와 기업의 후원을 받아 소화기와 화재경보기를 구비하고 집집마다 나눠주었다. 화재경보기는 직접 설치까지 해주었다.

화재 예방 활동은 소방공무원의 주 업무 가운데 하나다. 특히 명절이나 긴 연휴가 다가오면 소방공무원의 화재 예방 활동이 뉴스에 소개되기도 한다. 뉴스를 통해 소방공무원들이 전통시장, 역, 터미널 같은 다중이용시설을 대상으로 화재 예방 안전 점검에 나서고, 며칠에 걸쳐 소화전과 화재경보기의 작동 여부를 살피며 열심히 활동하는 모습을 볼 수 있다.

소방공무원의 조직

소방청은 소방공무원 조직의 최상위 기관으로, 소방청장이 지휘한다. 소방청 아래 18개 시·도 소방재난본부가 있으며, 각 소방재난본부는 지역의 소방서를 관리한다. 또한 소방서들은 저마다 119구조대, 119안전센터, 119지역대 등을 운영한다. 서울을 예로 들면, 소방청 하부 기관인 서울소방재난본부가 각 구(區)마다 있는 소방서를 관리하고, 소방서는 동 단위로 있는 119안전센터와 119지역대를 관리하는 구조이다.

경찰공무원 조직과 비교하면 서울소방재난본부는 서울 경찰청, 소방서는 경찰서, 119안전센터와 119지역대는 지구대와 파출소에 해당한다고 볼 수 있다. 119안전센터와 119지역대는 하는 일은 같은데, 규모가 다를 뿐이다. 지구대가 파출소보다 크듯이 119안전센터가 119지역대보다 크다. 한편 119구조대는 각 소방서에 소속되어, 소방서 관할 지역의 구조 업무를 책임진다. 가령, 서울 영등포구를 맡은 영등포소방서의 119구조대는 영등포구에서 일어나는 모든 구조 활동을 담당한다.

어떤 소방공무원이 있을까?

재난 현장에서 다양한 형태의 소방공무원이 활약하고 있다. 몇 가지 특색 있는 소방공무원에 대해 알아보자.

1) 화재조사관

화재 현장에서 인명 및 재산 피해를 조사하고, 화재 원인을 파악한다. 보기로 든 달콤중학교에서 불이 다 꺼졌다면 그때부터는 화재조사관의 시간이다. 화재조사관은 다치거나 죽은 사람이 있는지, 학교 재산은 얼마나 재가 되어버렸는지 꼼꼼히 살핀다. 그리고 누전에 의한 것인지, 담뱃불에 의한 것인지 등 화재 원인을 조사한다. 이때 방화, 즉 범죄 연관성도 살핀다. 만약 어떤 학생이 공부하기 싫어 학교에 불을 냈다면 화재조사관에 의해 들통날 수 있다.

화재조사관은 기존 소방공무원 중에서 뽑는다. 중앙소방학교*에서 시행하는 화재조사관 자격시험에 합격해야만 화재조사관으로 활동할 수 있다. 시험에 관한 자세한 안내는 중앙소방학교 홈페이지(www.nfa.go.kr/nfsa)에 나와 있다.

2) 119특수구조단

독가스가 퍼진 화생방 상황, 테러 발생, 폭발 사고, 산악사고 등 규모가 크고 특수한 재난이 일어나면 119특수구조단이 출동한다. 119특수구조단은 각 시·도의 소방재난본부에 설치되어 있다.

서울을 예로 들면, 서울소방재난본부의 관리 아래 서울시119특수구조단이 활약한다. 서울시119특수구조단은 한강을 중심으로 활동하는 수난구조대, 도봉산과 북한산 등 산악 지역을 책임지는 산악구조대, 화생방이나 테러 상황 시 움직이는 특수구조대 등의 팀을 꾸리고 있다. 지역 특성

---

* 소방청에 소속된 소방공무원 교육기관.

에 따라 각 지역 특수구조단이 운영하는 구조팀은 조금 다를 수 있다.

서울시119특수구조단을 비롯한 대부분 지역 특수구조단에서는 소방항공대(또는 항공구조구급대)를 운영한다. 소방항공대는 헬리콥터로 화재 진압, 인명 구조, 항공 수색 및 정찰 등을 하는 소방공무원이다.

3) 드론 소방관

드론 소방관은 사람이 아니라 드론이다. 소방공무원 사회에서는 '소방드론'이라 불린다. 대형 화재나 지진 같은 큰 재난이 발생했을 때 재난의 규모와 상황을 파악하는 일은 중요하다. 하지만 사람이 하는 것에는 한계가 따르고 또 위험하기도 하다. 이때 소방드론을 활용하면 큰 효과를 거둘 수 있다. 인명 구조에서도 소방드론의 활약은 빛이 난다. 한 예로, 2021년 9월 인천소방재난본부에서 소방드론이 갯벌에서 해루질(물 빠진 바다 갯벌에서 어패류를 채취하는 일)하다 실종된 노인을 찾아낸 적이 있다. 갯벌에 몸이 빠져 바다에 잠길 뻔한 노인을 소방드론이 발견한 덕분에 신속하게 구조할 수 있었다.

소방드론이 처음 활약한 시기는 2015년 무렵이다. 현재 대부분 소방서에서 드론팀을 운영하고 있는데, 아직은 기존 소방공무원이 드론 교육을 받아서 드론팀의 일원이 된다고 한다. 드론 교육은 각 시·도 소방학교*에서 하고 있다.

소방공무원의 직업적 성격

1) 국민의 안전을 우선으로

2021년 10월 4일 〈경북도민일보〉에 뜻깊은 기사가 실렸다. 영덕소방서에서 노인을 대상으로 소방안전 및 응급처치 교육을 했다는 내용이었다. 영덕소방서가 자발적으로 진행한 이 교육 행사에서 노인들은 소방공무원들에게 화재 시 대피 방법, 소화기 사용법, 완강기 사용법, 심폐소생술 등을 배울 수 있었다. 상대적으로 재난 상황에서 대피나 대처가 늦은 노인들에게는 꼭 필요한 시간이었다.

〈경북도민일보〉와의 인터뷰에서 영덕소방서장은 앞으로 노인을 위한 소방 교육을 확대하겠다는 뜻을 밝혔다. 지역 특성상 젊은 층보다 노인층이 많기에 노인 스스로 안전 능력을 키우는 일이 중요하다는 게 소방서장의 생각이었다. 영덕소방서장과 그곳 소방공무원들처럼 많은 소방공무원

---

* 소방공무원을 교육하는 교육기관. 각 시·도에 설치된 소방학교는 중앙소방학교의 하부 기관이다.

들이 국민의 안전을 우선시한다. 그것이 바로 소방공무원의 마음이다. 우리의 소방공무원은 그 마음을 간직한 채 국민의 안전을 위해 스스로 행동한다.

2) 자기 자신을 이겨야 하는 소방공무원

코로나 시대를 살면서 한강 수난구조대의 출동 횟수가 눈에 띄게 늘었다고 한다. 코로나로 삶이 어려워지면서 극단적 선택을 하는 사람이 많아진 것이 원인이다. 누군가 한강다리 위에서 뛰어내렸을 때 골든타임은 5분이라고 한다. 출동해서 뛰어내린 사람을 찾아내는 일이 5분 안에 이루어져야 생명을 구할 수 있는 것이다. 구조대원은 이 골든타임을 넘기지 않기 위해 한강 다리의 CCTV에 늘 집중한다. 난간을 차거나, 다리 위를 서성이는 등 이상 징후를 보이는 사람을 눈에 불을 켜고 살펴야만 실제로 그가 한강에 몸을 던졌을 때 구조 가능성이 높아지기 때문이다.

그런데 수난구조대가 언제나 구조에 성공하는 것은 아니다. 어느 구조대원은 한강 다리에서 극단적 선택을 한 사람이 시신으로 발견되었을 때 마음이 몹시 무겁다고 털어놓았다. 임무를 다하지 못했다는 자책감에 스스로 작아지는 것이다. 하지만 자책감에 주저앉아 있을 수만은 없다. 구조의 손길이 필요한 사람이 언제 또 생겨날지 모르기 때문이다. 아픔을 극복하지 못하면 구조에 제대로 임하기 어렵다. 아픔을 이겨내야 하는 것은 소방공무원의 숙명이다.

소방공무원에게 필요한 능력

1) 강한 체력과 정신력

어떤 소방공무원이든 출동은 핵심 업무다. 불을 끄는 일에도, 구조나 구급에도 빠르게 출동하는 것이 중요하다. 출동 명령은 잠자고 있든 밥 먹고 있든 관계없이 수시로 떨어진다. 이같이 긴급을 요하거나 불규칙한 상황은 신체 리듬을 깨뜨려서 건강을 해친다. 게다가 소방 호스를 비롯한 소방 장비들은 가볍지 않다. 기본 체력이 없으면 장비를 능숙하게 다룰 수 없어 임무 수행이 어렵다. 부상자나 시신을 옮겨야 할 경우도 있는데, 이때도 체력이 필요하다.

재난과 맞서 싸우는 것은 힘든 일이다. 몸도 힘들지만, 마음도 힘들다. 끔찍한 광경과 마주할 경우, 임무에 실패해 눈앞에서 죽음을 목격할 경우 소방공무원이 받는 상처는 보통 사람이 헤아릴 수 없을 만큼 크다. 강한 정신력으로 마음의 상처를 이겨내지 못하면 소방공무원으로서의 삶은 버거워진다.

2) 순발력과 판단력

재난 상황은 항상 긴급하다. 천천히 차분하게 일하고 싶어도 그럴 여유가 없다. 빠르게 판단하고 진압과 구조 활동에 나서야 한다. 뜻하지 않은 돌발 상황도 언제든 발생할 수 있다. 화재 현장이라면 천장이 와르르 무너질 수도, 산악 구조 현장이라면 갑자기 돌풍이 불어올 수도 있다. 그때는 순발력을 발휘해 위기를 벗어나야 한다. 머뭇대거나 우왕좌왕하면 구조 대상은 물론 소방공무원 자신도 위험해진다.

3) 공간 지각 능력

소방차 하면 불이 난 곳에 소방 호스로 물을 뿌리는 '물탱크 소방 펌프차'를 가장 먼저 떠올린다. 그 밖에 고층 건물 화재 진압과 인명 구조에 쓰는 '고가 사다리차', 밤에 조명을 비춰주는 '조명차', 연기를 빨아들인 뒤 빼내는 '조연차' 등이 있다. 기본적으로 이들 소방차는 덩치가 크다. 화재 현장에서 커다란 소방차를 적절한 곳에 세우는 것은 무척 중요하다. 불길과 거리가 멀거나 또는 가까우면 화재 진압에 어려움을 겪게 되기 때문이다. 따라서 소방차를 모는 운전직 소방공무원들에게는 공간 지각 능력이 특히 요구된다.

건물 내부로 들어가는 구조대원도 마찬가지다. 전기가 끊기거나 검은 연기로 인해 그야말로 '눈앞이 캄캄한 상황'

이 자주 벌어진다. 이때 구조대원이 공간 지각 능력을 발휘하지 못하면 효과적인 구조 작업을 기대하기 어렵다.

4) 봉사정신

소방공무원은 국민을 위해 일하는 사람이다. 국민의 안전을 지키려면 위험을 무릅써야 하는 상황이 자주 생긴다. 이런 상황을 숙련된 기술만 가지고 헤쳐나가기는 벅차다. 봉사정신을 뿌리에 두고 있어야 한다. 봉사정신이 투철하면 위험에 당당하게 대처할 수 있다. 구조대원이나 구급대원은 구조 및 구급 대상자로부터 어려움을 겪기도 한다. 대처가 마음에 안 든다거나, 그냥 내버려두라거나 하는 이유로 구조대원과 구급대원을 난처하게 하는 사람이 결코 적지 않다고 한다. 이런 상처를 견디는 힘도 봉사정신에서 나온다.

소방공무원이
되기까지

소방공무원의 계급

소방공무원 사회에도 계급이 있다. 소방공무원의 계급은
소방사시보부터 소방총감까지 모두 12계급이다.

〈소방공무원의 계급〉

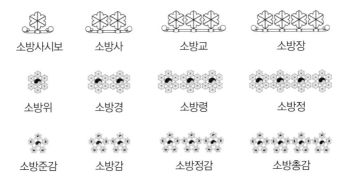

소방사시보	소방사	소방교	소방장
소방위	소방경	소방령	소방정
소방준감	소방감	소방정감	소방총감

계급은 소방사시보, 소방사, 소방교, 소방장, 소방위, 소방경 순으로 높아진다. 즉 소방사시보가 가장 낮으며 소방총감이 가장 높다. 소방총감은 소방공무원의 우두머리인 소방청장의 계급이다. 소방서장은 보통 소방정 계급에서, 시·도 소방재난본부장은 소방준감 계급에서 선발한다. 소방준감부터 그 위 계급은 흔히 고위급 간부로 불린다. 소방경부터 소방정까지는 중간급 간부, 소방위는 초급 간부라 이른다.

소방사시보, 소방사, 소방교, 소방장은 이른바 일반 소방공무원이다. 불이 났을 때, 응급 환자가 생겼을 때, 누군가를 구조해야 할 상황일 때 119에 신고하면 달려오는 소방공무원은 대부분 이들이다. 일선에서 국민에게 봉사하는, 국민과 가장 친숙한 소방공무원들이다.

소방공무원 시험으로 소방사 되기

소방공무원 시험이란 일반적으로 1년에 한두 차례 치르는 '소방공무원 공개경쟁채용 시험'을 가리킨다. 이 시험은 계급으로는 소방사, 직무로는 대체로 화재진압대원을 뽑는 공채 시험이다.

그렇다면 소방사시보란 무엇일까? 한마디로 소방공무원 시험에 합격했지만 아직 소방사가 아닌 사람이다. 소방사를 뽑는 소방공무원 시험에 합격해도 곧장 소방사가 되는 것은 아니다. 6개월의 교육 기간, 즉 수습 기간을 거쳐야만 소방사로 임용된다. 정식 소방공무원은 소방사부터다. 소방사시보는 정식 소방공무원이 되기 위해 넘어야 할 마지막 고개다. 만약 교육 성적이 나쁘거나 불성실한 태도를 보이면 소방공무원 임용에서 탈락할 수도 있다. 소방사시보의 교육은 각 시·도의 소방학교에서 실시한다.

한편 아직은 소방공무원 시험에서는 여자보다 남자를 더 많이 뽑는다. 온갖 무거운 장비 다루기, 부상자 이송 등에 강한 체력이 요구되기 때문이다.

소방공무원 시험에 도전하라

소방공무원 공개경쟁채용 시험 모두 4단계로 이루어진다. 1단계 필기시험은 2022년부터 다소 변화가 생겨 한국사, 영어, 행정법총론, 소방학개론, 소방관계법규 5과목을 치른다. 2021년까지는 국어, 한국사, 영어가 필수과목이었고, 선택과목 2개를 고를 수 있었다. 2단계 체력시험에서는 윗몸일으키기, 제자리멀리뛰기, 오래달리기, 악력, 배근력 등의 기록을 측정한다.

3단계는 인성 및 적성 검사, 그리고 신체검사다. 경찰공무원처럼 소방공무원도 신체검사가 합격의 걸림돌이 될 수 있다. 더구나 소방공무원의 신체검사 합격 기준은 경찰공무원의 그것보다 한층 까다로운 면이 있다. 매캐한 연기가 피어오르는 화재 현장에 내몰리게 되므로 호흡기 계통에 장애가 있으면 곤란하다. 또한 정신적 상처를 많이 받는 일이기 때문에 성격장애나 지적장애가 있어도 합격하기 어렵다. 심장 계통, 혈관 계통의 질병도 불합격 사유다. 따라서 소방공무원을 꿈꾸는 청소년이라면 건강관리를 최우선으로 삼아야 한다. 몸 건강뿐만 아니라 마음 건강도 튼튼하게 하는 것이 소방공무원으로 가는 지름길이다.

4단계는 면접이다. 바른 마음가짐을 갖추고 있다면 어려울 것 없다. 당당하게, 솔직하게 임하면 된다. 면접까지 통과해 합격하면 소방사시보를 거쳐 소방사 계급장을 달게 된다.

소방공무원 시험에 학력 제한은 없다. 18세 이상 40세 이하 대한민국 국민이면 누구나 도전할 수 있다. 소방청은 소방공무원 시험 소식을 중앙소방학교 홈페이지를 통해 알린다. 공고문에 자세한 내용이 나오니, 평소 관심을 갖고 검토하는 것이 좋다.

경력자가 도전하는 시험
구급, 구조, 항공 분야 등의 소방공무원은 '소방공무원 경력경쟁채용 시험'으로 뽑는다. '경찰공무원 경력경쟁채용시험'처럼 경력직을 뽑는 시험으로, 흔히 '경채'라 부른다. 해당 분야에 인원이 필요할 때 시행한다. 시험에 관한 자세한 정보는 역시 중앙소방학교 홈페이지를 통해 얻을 수 있다.

경채는 보통 국어, 영어, 소방학개론 세 과목의 필기시험과 체력시험, 신체검사, 면접을 통해 합격자를 가린다. 필기시험 75퍼센트, 체력시험 15퍼센트, 면접 10퍼센트를 합해 총점이 높은 사람이 합격한다. 신체검사는 소방공무원으로 활동하는 데 신체가 적합한지 여부를 따지는 시험일 뿐 점수를 매기지는 않는다.

경채는 경력자가 도전하는 시험이기에 어떤 분야의 응시자든 관련 경력이 필수다. 2020년 경채 공고문을 살펴보면 구급 분야는 응급구조사 1급 또는 간호사 자격증을 가진 사람으로서 2년 이상 실무 경력이 있는 사람이 응시할 수 있었다. 한편 의무소방원으로서 구급대원 보조 역할을 한 사람에게도 응시 기회가 주어졌는데, 의무소방원이란 군 복무를 대신해 소방 기관에서 일하는 사람이다. 정식 소방공무원은 아니며, 역시 정식 경찰공무원이 아닌 의무경찰과 짝을 이룬다.

구조 분야는 육군특전사, 해군해난구조대(SSU), 공군항공구조사 같은 특수부대에서 하사 이상 계급으로 1년 이상, 총 복무 2년 이상이라는 조건을 모두 채운 사람이 응시 가능했다. 군 특수부대 요원은 부대에서 구조법을 철저히 익히므로 구조대원으로 활동하는 데 손색이 없다.

소방항공대를 뽑는 항공 분야에서는 필기시험을 생략하기도 한다. 2021년 경채에서는 조종사, 정비사, 운항·관제사를 뽑았는데, 1단계는 필기시험이 아니라 서류 심사였다. 물론 경력은 언제나처럼 필수 조건이었다. 조종사는 헬리콥터 조종 경력 2년 이상인 사람, 정비사는 헬리콥터 정비 실무 경력 7년 이상인 사람, 운항·관제사는 항공교통관제사 또는 운항관리사 실무 경력 2년 이상인 사람을 요구했다. 한편 소방항공대 조종사의 경우 군인 출신이 많다고 한다. 군대가 헬리콥터 조종 경력을 쌓기에 유리한 곳이기 때문이다.

대학 졸업하고 소방공무원 되기

우리나라에 경찰대학처럼 소방공무원만 전문적으로 키우는 '소방대학'은 없다. 소방대학을 만들자는 목소리가 종종 나오지만 언제 실현될지는 알 수 없다. 현재 2년제 대학을 포함한 일반 대학 중에는 소방학과, 소방행정학과, 소방안전학과, 소방방재학과 같은 소방 관련 학과를 운영하는 곳이 있다. 이들 소방 관련 학과 전공자는 특별한 기회를 얻을 수 있다. 바로 '특채(특별 채용)'의 기회다.

소방공무원 조직에서는 소방서 운영 계획 수립, 소방공무원의 상벌 결정이나 교육 훈련 계획 수립, 후생 및 복지 등의 업무를 맡은 소방공무원이 있다. 이들 소방공무원은 소방공무원 경력경쟁채용 시험(이하 경채)으로 선발한다. 경채 공고문에 '소방분야' 인원을 채용한다는 내용이 뜰 때가 있는데, 방금 소개한 업무를 하는 소방공무원을 뽑는다는 뜻이다. 그런데 이 시험은 소방 관련 자격증을 가진 사람 또는 소방 관련 학과 전공자에게만 기회가 주어진다. 응시자 범위가 한정되어 있어서 경채이지만, 흔히 특채라고 부른다. 한편 소방 관련 학과 전공자의 필기시험 과목은 국어, 소방학개론, 소방관계법규로, 다른 분야 경채의 과목과 다소 다르다.

또 다른 선택, 소방간부후보생 시험

경찰공무원에게 경찰간부후보생 시험이 있듯이, 소방공무원에게는 소방간부후보생 시험이 있다. 이 시험에 합격하면 초급 간부 계급인 소방위부터 소방공무원 생활을 시작한다. 소방공무원 사회에서 간부가 하는 일은 한마디로 행정이다. 소방 정책을 세우는 일, 현장의 소방공무원들이 업무에 집중할 수 있도록 지원하고 또 지휘하는 일 등은 간부의 몫이다. 소방간부후보생 시험을 통해 임용된 소방위들은 소방서의 119구조대장이나 119안전센터장을 맡기도 한다.

그런데 소방공무원 시험에 합격했다고 해서 곧바로 소방위로 임용되지는 않는다. 합격생들은 1년 동안 중앙소방학교에서 교육을 받아야 한다. 공채로 합격한 소방공무원들이 각 시·도의 소방학교에서 교육을 받고 소방사로 임용되는 것과 같은 과정이다. 역시 교육 성적이 나쁘면 간부가 되지 못하고 탈락할 수 있다.

소방간부후보생 시험의 문은 20세 이상 40세 이하 대한민국 국민 모두에게 열려 있다. 선발 과정은 소방공무원 시험처럼 4단계로 이루어진다. 필기시험의 경우 과목이 모두 6개이며, 헌법이 필수과목이라는 점이 차이점이다. 체력시험 외 나머지 시험은 큰 차이가 없다.

자격증으로 가산점 받기

간부든 일반 소방공무원이든 소방공무원이 되려면 1종 보통 이상의 운전면허증은 꼭 있어야 한다. 소방공무원의 핵심 업무는 출동이며, 출동은 차량을 중심으로 이루어지므로 운전면허증은 기본이다.

필수 자격증은 아니지만 가산점을 받을 수 있는 자격증이 있다. 소방사를 뽑는 공채 시험의 경우 소방 관련 국가기술자격 가운데 기술사나 기능장 자격이 있으면 5퍼센트 가산점을 받을 수 있다. 한 단계 낮은 기사는 3퍼센트, 가장 낮은 산업기사나 기능사는 1퍼센트다. 이 기준은 소방 간부후보생에게도 동일하게 적용된다. '소방 관련 국가기술자격'에는 건축, 건설기계운전, 기계장비설비 및 설치, 철도, 조선, 항공, 자동차, 화공, 위험물, 전기, 전자, 정보기술, 통신, 방송·무선, 안전관리, 비파괴검사, 에너지·기상 분야가 해당된다. 더 자세한 내용은 시험 공고문에서 알아볼 수 있다.

경채에도 자격증 가산점 제도가 있다. 각 분야마다 가산점을 주는 자격증이 상당히 많은 편이다. 공고문을 통해 정보를 확인한 뒤 청소년 시기에 준비할 수 있는 부분을 검토하고 실천하면 큰 도움이 될 것이다.

소방공무원으로
살아간다는 것

소방공무원의 좋은 점

2021년 4월 19일, 봄바람을 타고 훈훈한 뉴스가 날아왔다. 3년차 소방공무원이 경부고속도로에서 우연히 교통사고 현장을 지나다가 다친 사람을 구했다는 뉴스였다. 교통사고의 규모는 컸다. 승용차가 차선을 바꾸려다 뒤따르던 버스와 부딪치며 일어난 4중 추돌 사고였다. 사고가 일어나자마자 소방공무원은 곧바로 119에 신고한 뒤 자신의 차에서 내려 가장 심하게 부서진 차량으로 달려갔다. 허벅지뼈가 부러진 운전자가 운전석에서 신음하고 있었다. 그는 재빠르게 응급 처치를 한 뒤 출동한 119구급대에게 운전자를 인계했다.

그날 소방공무원은 휴일이었다. 그런데도 소방공무원의

사명감과 봉사정신으로 사고자를 도운 것이다. 그는 언론과의 인터뷰에서 이렇게 말했다.

"소방관으로서 인명을 구하는 건 당연한 일입니다."

엄밀히 말해 당연한 일은 아니다. 소방공무원도 엄연히 하나의 직업이고, 사고가 일어난 그날은 휴무였기 때문이다. 하지만 그는 다친 사람을 돕는 '업무'를 했다. 소방공무원으로서 국민의 생명을 구하는 일이 큰 보람을 안겨주기 때문일 것이다. 그 보람은 소방공무원만이 느낄 수 있는 특별한 기쁨이다.

소방공무원의 힘든 점

소방공무원은 밤낮없이 출동에 대비해야 한다. 때문에 사람을 구해야 한다는 강박관념에 사로잡힌 소방공무원이 많은 것이 현실이다. 늘 부담감을 지니고 살아야 해서 정신건강을 관리하기가 힘들다. 또한 재난 현장은 늘 다른 모습이다. 똑같은 형태로 일어나는 재난은 없다는 뜻이다. 화재 현장만 보아도 불길의 세기는 매번 다르고, 돌발 상황도 다채롭게 일어난다. 따라서 아무리 베테랑이라도 재난 현장에서는 한순간도 긴장의 끈을 놓을 수 없다. 늘 긴장 속에서 살아가는 직업인의 스트레스는 우리가 생각하는 것 이상이다.

소방공무원은 몸도 마음도 힘든 직업이다. 그것을 증명이라도 하듯 순직자도 많은 편이다. 안타깝게도 경찰공무원과 매번 1, 2위를 다툰다. 업무 환경이 조금이라도 나아진다면 소방공무원의 고생이 덜어지겠지만, 아직까지는 좋은 환경이라 보기 어렵다.

한 예로, 소방회복차의 부족을 꼽을 수 있다. 소방회복차란 버스나 트레일러 형태의 자동차로 재난 현장에서 소방공무원이 지친 몸을 잠시 달랠 수 있는 이동식 회복 시설이다. 2021년 10월 6일 국회의원 백혜련의 발표에 따르면, 소방회복차를 갖고 있는 지역은 서울, 대전, 세종뿐이라고 한다. 서울 1대, 대전 1대, 세종 2대가 전부이며, 다른 시·도는 중앙119구조본부* 소유의 소방회복차 4대를 나누어 쓴다고 한다.

소방공무원의 임금과 직업 만족도

한국직업정보시스템(www.work.go.kr)의 2019년 조사 자료에 따르면, 소방공무원의 임금 수준은 다음과 같다.

---

* 　중앙119구조본부는 우리나라 소방공무원의 재난 구조 업무를 총괄하는 중앙 기관으로, 소방청에 소속되어 있다.

· 하위(25%): 연 3,886만 원

· 중위(50%): 연 4,329만 원

· 상위(25%): 연 5,368만 원

　경찰공무원과 비슷한 수준이다. 소방공무원 개개인마다 임금에 대한 만족도는 다르겠지만, 객관적으로 볼 때 턱없이 낮은 임금은 아니다. 한편 경찰공무원이든 소방공무원이든 퇴직하면 공무원 연금을 받기 때문에 안정적인 노후를 보장받을 수 있다.

　소방공무원의 직업 만족도는 72.8점으로 경찰공무원에 비해 약간 높다. 둘 다 위험하고, 근무 환경도 썩 좋지만은 않은 직업인데, 괜찮은 점수가 나오는 까닭은 무엇일까? 아마도 그들만의 사명감과 봉사정신에서 얻을 수 있는, 보람과 만족 때문일 것이다.

소방공무원의
미래

우울증이나 외상 후 스트레스장애[*]를 앓는 소방공무원들이 많다는 것은 이제 널리 알려진 사실이다. 근무 환경이 점점 나아지고 있지만 여전히 만족할 만한 수준은 아닌 것 또한 현실이다. 다행히 소방공무원의 애로사항을 해결하고 복지를 향상시키기 위해 정부와 소방 당국이 꾸준히 노력하고 있어서 점점 나아질 것으로 기대된다.

여러 가지 개선해야 할 사항이 있는데, 특히 소방공무

---

[*] 전쟁, 고문, 재해, 사고 같은 심각한 사건을 겪은 후 그 사건에 대해 공포와 고통을 느끼는 정신질환.

원 한 명이 책임져야 할 인구수를 줄이는 것이 시급하다. 2021년 국정감사에 소방청이 제출한 자료에 따르면, 소방 공무원 1인당 담당 인구는 859명이다. 2016년의 1,186명에 비하면 많이 줄어든 것이며, 미국(911명)이나 일본(779명)과 같은 선진국 수준에 다가가고 있다. 이는 정부의 충원 계획이 실현되어 가고 있다는 증거이기도 하다. 정부는 2017년부터 2022년까지 소방공무원을 2만 명 더 뽑을 계획인데, 이 계획이 완료되면 소방공무원 1인당 담당 인구는 768명이 된다고 한다.

문제는 지역적으로 편차가 크다는 점이다. 전국 평균은 859명이지만, 서울의 경우 1,344명, 경기 1,288명, 창원 1,070명에 달한다. 반면 충남은 567명, 전남은 462명에 불과하다. 이런 현실은 소방 서비스의 지역 차별을 가져올 수밖에 없다. 정부와 소방 당국이 반드시 해결해야 할 문제다. 이 문제를 풀어야만 진정 '선진국 수준'에 이를 수 있다.

국민의 신뢰를 지켜라

소방공무원이 지방공무원이었을 당시, 언론에서 국가공무원으로 바꾸는 것에 대한 여론 조사를 실시한 바 있다. 이를 요약하면 국민 10명 중 8명이 국가공무원으로의 전환에 찬성하는 것으로 나타났다. 한편에서는 국가공무원 전환을 바라는 청와대국민청원에 동의자가 사흘 만에 20만 명을 돌파했다는 뉴스가 세상을 달궜다. 두 가지 모두 소방 공무원이 국민의 뜨거운 지지를 받는다는 의미가 담긴 결과였다.

국민들은 소방공무원이 국가공무원으로 바뀌면 지자체마다 편차가 큰 근무 환경과 복지가 나아질 것이라는 생각에 지지를 보냈다. 실제로 2020년 4월 1일 국가공무원 전환이 실현되면서 인력 충원과 재정 지원이 늘어났고, 이에 개선에 대한 기대가 높아졌다. 하지만 지금까지 서술한 글에서 보았듯이 이제 시작이고, 아직 갈 길이 멀다.

여하튼 소방공무원에 대한 처우가 개선되면 소방 서비스에 대한 국민의 기대도 높아질 수 있다. 처우는 나아졌는데, 서비스가 제자리걸음하거나 뒷걸음질하면 국민은 실망할지도 모른다. 소방공무원을 향한 지지를 거두어들일 수도 있다. 미래에도 국민의 사랑을 받는 소방공무원으로 살아갈 수 있는 방법을 소방공무원 스스로 고민할 필요가 있다.

소방공무원의 일자리 전망

2019년 한국직업정보시스템은 향후 5년 동안 소방공무원 고용이 늘어날 것이라는 조사 결과를 내놓았다. 발표 시점은 아직 소방공무원이 국가공무원으로 전환되기 전이었는데, 소방공무원의 1인당 담당 인구수가 많다는 지적을 받아들여 충원에 힘쓰고 있던 때였다. 따라서 소방공무원의 고용 증가를 누구나 전망할 수 있는 분위기였다.

해당 조사는 시대의 변화가 소방공무원의 고용 증가를 재촉할 것이라 예측했다. 갈수록 고층 건물이 늘어나고, 고압가스 같은 위험한 에너지의 소비량이 늘어나면서 소방공무원의 부담이 커진 것이 예측의 근거였다. 소방 전문가들은 그 커진 부담을 인력 충원으로 해소할 수 있다고 판단했다.

소방청은 2022년에 3,745명의 소방공무원을 공채로 뽑을 예정이다. 그러면 정부의 2만 명 충원이 완료되며 우리나라 소방공무원 총 인원은 65,000명 정도가 된다. 그 이후 아직 명확한 충원 계획이 발표되지 않았지만 비슷한 수준을 유지할 거라는 전망이 우세하다. 최소한의 고용 기회는 보장받을 수 있다고 보아도 괜찮은 상황이다. 소방공무원을 꿈꾸는 청소년에게는 희망적인 소식이다.

소방차의 7가지 종류

소방서에서는 구급차를 포함해 7가지 소방차를 필수적으로 운영한다. 화재가 발생하면 이 7가지 소방차들이 모두 출동한다고 보면 된다. 어떤 소방차들인지 출동 순서대로 알아보도록 하자.

1번 지휘차

출동 대열 선두에 서는 차량이다. '지휘차'라는 이름처럼 지휘자 역할을 한다. 소방차들이 신속하게 재난 현장까지 갈 수 있도록 길을 트는 일부터 재난 현장에서 소방관들을 배치 및 통제하는 일까지 도맡는다.

2번 구급차

응급 환자가 생겼을 때 119에 신고하면 달려오는 그 구급차다. 일반 사람들은 '구급차'로만 알고 있지만, 소방차의 한 일원이다. 재난 현장에서는 응급 처치가 필요한 상황이 언제든 일어날 수 있기 때문에 구급차는 모든 재난 현장에 출동한다.

3번 구조버스

구조대원들이 타는 소형 버스다. 해정기(문 잠금장치를 여는 장치), 랜턴 같은 작은 구조 장비도 싣는다.

4번 구조공작차

구조버스보다 두 배 정도 큰 차량이다. 에어매트, 유압절단기, 구조용 펌프 등 크고 무거운 구조 장비를 운반하는데 쓴다.

5번 소방 펌프차

물탱크 소방 펌프차와 함께 화재 진압에 전격 투입되는 소방차다. 소방 펌프차는 약 250미터 길이의 소방 호스, 고압 펌프, 2,000리터 정도 물을 실을 수 있는 물탱크가 장착되어 있다. 보통 사람들이 소방차 하면 가장 먼저 떠올리는, 이른바 '불자동차'이다.

6번 물탱크 소방 펌프차

물탱크 소방 펌프차는 소방 펌프차의 도우미다. 6,000리
터의 물을 담고 있는 대형 물탱크를 가지고 있다. 소방 펌
프차의 물이 바닥나면 물탱크 소방 펌프차가 물을 공급해
준다.

7번 고가 사다리차

길이 20~70미터의 사다리를 탑재한 소방차다. 가장 긴
사다리를 다 펴면 약 20층 높이까지 다다를 수 있다. 고층
건물의 인명 구조에 주로 쓰이며, 사다리 끝에 무인 방수포
가 달려 있어 높은 곳의 화재 진압에도 중요한 역할을 한
다. 얼핏 저층 건물에 화재가 났을 때는 출동을 안 할 것 같
지만, 그렇지 않다. 사람들이 옥상이나 높은 층으로 대피하
는 경우가 많기 때문에 건물 층수와 관계없이 출동한다.

이 외에도 조명차, 조연차, 제독차, 굴절 사다리차, 무인
파괴 방수탑차 등 모두 20여 가지의 소방차가 활약하고 있
다. 제독차는 화학물질로 오염된 부분의 독을 제거하는 장
비를 실은 소방차다. 고가 사다리차와 쓰임새가 비슷한 굴

절 사다리차는 사다리가 굴절되므로 고가 사다리차가 접근하기 어려운 구석진 곳에 쉽게 접근할 수 있다. 무인 파괴 방수탑차는 화재가 난 건물의 벽을 뚫고 호스를 넣어 물을 뿌릴 수 있는 소방차다. 소방차 위쪽에 설치된 굴절 붐(로봇 팔 모양으로 길게 돌출된 봉)으로 52센티미터 깊이까지 뚫을 수 있다.

3장
군인공무원
마스터플랜

군인공무원은
어떤 직업이지?

민정이가 여군을 꿈꾸는 이유

성혁이와 민정이는 고등학교 때 커플이 되었다. 풋사랑을 키워가던 둘은 같은 대학에 지원했다. 운동을 잘하는 민정이는 체육교육학과에, 배우 지망생인 성혁이는 연극영화과에 지원했다. 하지만 운명의 장난처럼 민정이만 붙고 성혁이는 떨어졌다. 나란히 같은 캠퍼스를 누비려 했던 둘의 꿈이 깨진 것이다. 하지만 그들의 사랑은 단단했다. 둘은 캠퍼스 커플이라는 꿈을 버리지 않았다.

이듬해 성혁이는 다시 그 학교 연극영화과에 지원했다. 하지만 연거푸 고배를 마셨다. 성혁이는 민정이를 볼 낯이 없었다. 캠퍼스 커플이란 꿈을 이루지 못한 건 온전히 자기 탓이라 생각했다. 괴로워하던 성혁이는 입대를 결심했다.

그리고 눈물을 흘리는 민정이를 뒤로한 채 새벽 입영열차에 올랐다.

시간이 훌쩍 지나 성혁이는 육군 병장이, 민정이는 3학년이 되었다. 어느 날 휴가를 나온 성혁이는 민정이와 신나게 데이트를 즐겼다. 그런데 데이트가 끝나갈 무렵 민정이가 뜻밖의 말을 던졌다.

"나 군대 갈래. 여군이 되기로 했어."

민정이는 군대 간 뒤 늠름해진 성혁이를 보고 군인에 매력을 느꼈다고 했다. 그 후 틈틈이 군인에 대해 알아보았는데, 체육교사보다 군인이 적성에 맞겠다는 생각이 들었다고 고백했다.

"난 곧 민간인이 되는데, 넌 군인이 된다고?"

얼떨떨해하는 성혁이에게 민정이가 말했다.

"어렸을 때 공무원이 되고 싶은 꿈도 있었어. 군인이 되면 공무원이 되는 거니까 두 마리 토끼를 잡는 거잖아."

"공무원? 사실 나도 배우 포기하고 군인공무원 해볼까 고민 중이었는데……."

국방의 의무와 병역의 의무

대한민국 국민에게는 국방의 의무가 있다. 국방의 의무에는 남자에게만 해당하는 병역의 의무가 있고, 성혁이는 그에 따라 강제로 군대에 간 것이다. 남자에게 병역의 의무를 지운 제도를 징병제라 이른다.

그렇다면 여자에게는 국방의 의무가 없을까? 그렇지 않다. 국방의 의무에는 군대의 작전에 협조하거나 국가의 안전 정책에 이바지할 의무 따위도 포함된다. 이는 성별을 떠나 온 국민이 짊어지는 의무이다. 여자에게는 단지 병역의 의무만 없을 뿐이다. 여자는 징병제가 아닌 본인의 선택에 따라 입대를 할 수 있다. 민정이는 자신의 의지로 군인의 길을 걷기로 한 것이다.

군인은 신분에 따라 장교, 준사관, 부사관, 병사(공식 명칭은 '병')로 나뉜다. 가장 낮은 병사는 이등병, 일등병, 상등병, 병장 네 개 계급의 군인을 가리킨다. 병사는 징병제로 강제 징집하는데, 대한민국 남자는 만 18세 이상이면 징집 대상자가 된다. 징집영장을 받으면 육군에 입대해 18개월 동안 의무 복무를 해야 한다. 참고로 해군의 의무 복무 기간은 20개월, 공군은 21개월이다. 병사로 의무 복무를 하는 군인을 현역병이라 부른다. 반면 민정이 같은 여자는 부사관이나 장교로 군대 생활을 시작한다. 현재 대한민국 군대에서 여자 병사는 뽑지 않는다. 징병제는 남자에게만 해당되는 제도다.

징집 대상인 남자의 경우 만약 육군이 싫다면 해군이나

공군에 지원하면 된다. 성혁이처럼 다른 군에 지원하지 않은 사람은 모두 육군으로 자동 입대한다. 다만 육군도 의무(醫務), 어학, 경호, 군악, 드론 운용, 정비 등 특정 분야 특기병의 경우 지원자를 모집한다. 해군과 공군은 기본적으로 지원병 제도를 운영하는데, 지원자는 일반병과 특기병 분야 중 선택할 수 있다. 또한 해군의 경우 미리 수영을 배워두면 군 생활이 편해진다. 수영을 못하면 수중 탈출 훈련에서 무척 애를 먹을 수 있다. 육해공군 병사 모집 정보는 병무청 홈페이지(www.mma.go.kr)에서 확인할 수 있다.

국가공무원이자 군인

대한민국에서 군인은 국가공무원이자, 국군이다. 따라서 국가공무원과 국군으로서 의무를 다해야 한다. 국가공무원의 의무는 보통 공무원들과 크게 다를 게 없다. 국가에 충성, 국민에 봉사, 공익 추구, 정치적 중립 등이다. 그런데 국군으로서의 의무는 특수하고 또 막중하다. 국군은 헌법에 명시된 것처럼 "국가의 안전보장과 국토방위"를 해내야 한다. 이는 아무나 할 수 있는 일이 아니다. 총을 쏘며 우리 국토를 침범한 적을 민간인이 맨손으로 막아내기는 어렵다.

군인은 국가공무원법상 '특정직 공무원'으로 분류된다. 특정직 공무원이란 쉽게 말해 특수한 일을 하는 공무원이다. 경찰공무원, 소방공무원도 특정직 공무원에 속한다. 그 밖에 법관, 검사, 교육공무원(학교 교사, 장학사 등) 등도 모두 특정직 공무원이다. 군인이 특정직 공무원에 속하는 이유는 국토 방위(국방)가 특수한 일이기 때문이다.

국방이라는 특수하고 막중한 일을 맡은 군인은 군부대라는 별도의 환경에서 지낸다. 적과 전투가 벌어지면 싸움터라는, 역시 별도의 환경에 놓인다. 이래저래 보통 사람들과는 다른 환경에서 활동하게 된다. 따라서 군인의 환경에 알맞은 법으로 따로 규제를 하는데, 바로 군법이다. 가령 군부대 안에서 상관 폭행, 군부대 탈영, 전투 중에 상관의 명령을 어기는 등의 행동을 하면 군법에 따라 처벌을 받는다.

군인공무원은 누구인가?

민정이는 공무원의 꿈을 위해서 군인이 되겠다고 말했다. 한편 성혁이는 군인공무원으로 살까 고민이라고 말했다. 현재 군인인 성혁이는 이미 공무원인데, 왜 이런 고민을 하는 것일까?

의무 복무를 하는 현역병을 공무원으로 알고 있는 사람은 드물다. 심지어 현역병들조차 자신이 공무원인 줄 아는 사람은 많지 않다. 국민 대다수가 현역병으로 군대에 가는 것을 당연한 일로 여기고, 또한 현실적으로 현역병이 공무원 대우를 못 받기 때문인 듯하다. 그런데 법적으로는 현역병도 국방부 소속의 국가공무원이다. 의무 복무 기간만 공무원인 '임기제 공무원'인 셈이다. 따라서 임기 동안에는 위에 서술한 국가공무원의 의무가 지워진다.

보통 군인공무원이라고 하면 부사관, 준사관, 장교만 가리킨다. 공무원은 9급부터 1급까지 급수가 있는데, 부사관의 가장 낮은 계급인 하사부터 9급 공무원의 대우를 받는다. 일반 9급 공무원 수준으로 급여와 연금을 받는다는 뜻이다. 참고로 직업군인이란 말이 있다. 직업군인은 군 복무를 직업으로 하는 군인을 일컫는다. 프로야구 선수에게 야구가 직업이듯이, 직업군인에게는 군 복무가 직업이다. 부사관 이상 신분의 군인이 바로 직업군인에 해당한다. 현실에서는 이 직업군인만을 군인공무원으로 여긴다. 성혁이가 군인공무원이 되겠다는 것은 현역병으로 군 생활을 마치지 않고 직업군인이 되겠다는 말이다.

모든 적으로부터 나라를 지킨다

우리나라는 세계 유일의 분단국가다. 1950년 한국전쟁 이후 지금까지 남한과 북한이 휴전선을 사이에 두고 대치하고 있다. 아직 전쟁 중인 것이다. 휴전선은 남한인 대한민국과 북한인 조선민주주의인민공화국의 '군사 경계선'이다. 남한과 북한이 아무리 사이좋게 지낸다 해도 북한이 우리의 적이라는 사실은 변함없다. 정확하게는 북한의 공산주의 정권과 그 정권이 부리는 군대가 우리의 적이다.

지난날 대한민국 국방부는 북한 정권과 북한군을 주적(主敵, 주된 적)으로 삼았다. 그리고 군사 훈련과 작전의 대부분을 북한군에 초점을 맞추고 실시했다. 그러다 보니 다른 나라 군대가 침략했을 때의 대응법은 미흡할 수밖에 없었다. 그런 상황에서 일본, 중국, 러시아 등 주변 강대국들이 우리의 안보를 위협하는 일이 잦아지면서 주적 개념이 비현실적이라는 지적이 나왔다. 이에 국방부는 2018년 '주적'이라는 개념을 없애고, '적'을 새롭게 정의했다. 그 내용은 다음과 같다. "대한민국 영토와 국민의 생명 및 재산을 위협하는 모든 세력은 적"이다.

주적의 개념을 없앤 것을 두고 우리 정부가 북한을 적으로 여기지 않기로 했다는 주장도 나왔다. 그러나 이 주장은 틀렸다. 새로운 '적'의 개념은 북한을 비롯해 누구든 대한민국을 위협하는 세력이면 '적'으로 여긴다는 뜻이기 때문이다. 대한민국 국군은 지금 이 순간에도 군사 경계선인 휴전선에서 경계를 서고 있으며, 미사일 발사나 간첩 남파 같은 북한군의 도발에 적절한 대응을 하고 있다.

국민을 위하는 군대

평소 군인은 전쟁과 침략에 대비해 경계를 서고, 훈련을 하고, 작전을 짠다. 테러, 포격, 영해 및 영공 침입, 간첩 침투, 전쟁 등이 일어나면 목숨 걸고 국토와 국민을 지킨다. 그것이 군인의 사명이다.

국방이 제일의 사명이자 의무이지만 군인은 다른 일도 한다. 재해 복구 작업, 구조 작업, 눈 치우기, 농번기 일손 돕기 같은 일도 한다. 이렇게 국민에게 도움을 주는 일을 군인 사회에서는 '대민 지원'이라 표현한다. 한 예로, 조류독감이 유행할 때 가축 살처분을 돕는 일을 꼽을 수 있다. 해마다 조류독감이 발생하면서 이제는 마치 연례행사 같은 대민 지원 건이 되었다.

한편 코로나 시대를 맞이해 주목할 만한 대민 지원도 있었다. 2020년 코로나가 퍼진 이라크에 우리 공군이 항공기를 보내 이라크 교민들과 건설업체 주재원들을 데려온 일이었다. 코로나 시대에만 볼 수 있는 특별한 대민 지원이었다.

해외 파병으로 드높이는 대한민국의 위상

한국전쟁 때 우리나라는 국제연합군의 도움을 받았다. 국제연합의 회원국인 미국, 캐나다, 영국, 터키 등이 군대를 보내 우리 국군을 도와 싸운 것이다. 반면 우리나라는 1960년대에 일어난 베트남전쟁 때 우리 군대를 처음으로 베트남에 보냈다. 이와 같이 자국 군대를 타국에 보내는 일을 '파병'이라고 한다.

파병은 꼭 전쟁을 위해서만 하는 것은 아니다. 의료 지원, 지역 재건, 평화 유지 등을 목적으로도 파병을 한다. 이 경우 파병을 요청한 나라에 군대가 오랜 기간 주둔하기도 한다. 우리나라도 이러한 성격의 파병을 하고 있다. 대표적인 해외 파병 부대로 레바논의 동명부대를 들 수 있다. 우리 육군인 동명부대는 국제연합평화유지군이기도 하다. 국제연합평화유지군이란 국제연합이 세계 평화 유지를 위해 분쟁 지역 등에 파견하는 다국적 군대이다. 국제연합 회원국은 자발적으로 평화유지군을 보내는데, 우리나라도 회원국으로서 평화유지군 활동에 동참한 것이다. 동명부대는 2007년 8월 처음 레바논에 발을 디딘 후 지금까지 주둔하고 있다. 현재 약 275명(2021년 10월 기준)의 군인이 레바논 남부 지역에 머물러 있다. 그곳에서 의료 지원, 공공시설 공사, 방역 활동, 불법 무기 반입 감시, 무장 세력 불법 침투 감시 등 다양한 활동을 벌이고 있다.

또한 우리 해군인 청해부대는 해적을 막기 위해 바다로 떠난 파병 부대다. 2008년 이후 아프리카 소말리아 해역에서 해적들이 활개를 치자 국제연합은 해적 퇴치를 위한 부대 파병을 회원국들에 요청했다. 이에 우리 정부는 한국 선박 보호를 주목적으로 삼고 2009년 3월 청해부대를 소말리아 해역에 파병했다. 바다를 누비며 활약하는 청해부대는 한국 상선 '삼호주얼리호'를 해적으로부터 구출하고 내전 중인 리비아에서 우리 교민을 포함해 외국인들까지 구조하는 등 빛나는 업적을 남겼다. 현재 약 293명(2021년 10월 기준)의 군인이 활동 중이다.

대한민국 군대의 조직 체계

대한민국 국군은 육군, 해군, 공군으로 이루어져 있다. 각 군은 본부 아래 예하 부대를 두고 있으며, 본부의 수장은 참모총장이다.

육군을 예로 들면, 육군은 육군참모총장이 지휘하는 육군 본부 아래 수도방위사령부, 특수전사령부, 항공작전 사령부 등의 부대를 운영한다. 수도방위사령부는 수도 서울을 지키는 고유한 임무를 맡은 부대다. 특수전사령부는 육군의 특수부대로, 흔히 특전사라고 한다. 공수부대라는 이름으로 불리는 부대가 바로 특전사다. 낙하산으로 적진에 고공 침투해서 작전을 수행하는 것은 널리 알려진 특전사의 임무다. 항공작전 사령부는 헬리콥터를 타고 적을 공격하거나 여러 지원 업무를 하는 부대다.

각 군의 본부 위에는 합동참모본부가 있다. 육해공군의 작전권은 합동참모본부의 최고 지휘관인 합동참모의장에게 주어진다. 즉, 각 군의 참모총장은 군의 편제, 인사, 행정, 군수 분야 등에서 권한을 가지며, 합동참모의장은 전투작전 지휘의 권한을 갖는다. 참모총장의 권한을 '군정권', 합동참모의장의 권한을 '군령권'이라 부른다.

합동참모본부의 상위 기관은 국방부다. 국방부 장관이 다스리는 국방부는 국가 방위에 관련된 모든 업무를 맡는다. 국방부 장관의 위는 대통령이다. 대통령은 국군통수권자다. 국군통수권이란 군정권과 군령권을 모두 갖는 권한이다. 즉 대한민국 국군의 일인자는 대통령이라 할 수 있다.

대한민국의 막강한 특수부대

1) 해병대

해군 소속의 특수부대다. 상륙 작전이 주 임무다. 한국전쟁 때 미국 해병대와 함께 인천상륙작전을 성공시킨 것은 한국 해병대의 영원한 자랑거리다. 당시 서울을 북한군에 빼앗겼던 국군은 인천상륙작전의 성공으로 서울을 되찾는 데 발판을 마련했다.

해병대는 해군 소속이지만 해병대사령부를 따로 두고 있다. 사실상 해병대를 지휘하는 사람은 해병대사령부의 최고 지휘관인 해병대사령관이다. 해병대사령관은 이른바 '별 3개'인 중장 계급이 맡는다.

2) 해군 특수전전단

보통 UDT라 부르는 해군 특수부대다. 'UDT'는 Underwater Demolition Team의 약칭으로, 수중 파괴대란 뜻이다. 해군 특수전전단의 주 임무는 수중 파괴이다. 그 밖에 인질 구출, 폭파 공작, 적의 해안 정찰, 폭발물 처리, 테러 대응, 적진 침투 등 여러 가지 임무를 수행한다. 국군 안에서 전투력만큼은 최고로 꼽히는 특수부대 중의 특수부대다. 소말리아 해적 소탕에도 청해부대 소속 해군 특수전전단 대원들이 활약했다.

한편 한국전쟁 이후 북한에서 꾸준히 간첩을 남파할 때 대한민국 국군도 이른바 북파공작원을 북한에 침투시킨 적이 있다. 이 북파공작원 대부분이 바로 해군 특수전전단 대원이었다.

3) 공정통제사

공군의 특수부대로, 영어로는 CCT(Combat Control Team)

라 부른다. 공정통제사는 전쟁이 일어나면 적진에 침투해서 기상, 풍향, 풍속, 지형 같은 정보를 아군 항공기에 알리고 관제와 유도까지 수행한다. 항공기는 관제 시스템이나 유도가 없으면 비행과 착륙이 어려울 수 있다. 때문에 낯선 장소인 적진을 공정통제사가 먼저 파악한 뒤 아군 항공기가 안전하게 비행 및 착륙할 수 있도록 안내하는 것이다. 공정통제사는 뛰어난 전투력도 갖춰야 한다. 아군 항공기가 적진으로 날아오려면 그곳의 안전을 공정통제사가 미리 확보해야 하기 때문이다.

공정통제사가 대중에게 널리 알려진 계기는 2021년 여름 시행된 '미라클 작전'이다. 아프가니스탄이 이슬람 무장 세력인 탈레반에 넘어가면서 많은 아프가니스탄인들이 탈레반의 손아귀에서 벗어나기를 희망했다. 이에 우리 정부는 우리에게 협력했던 아프가니스탄인들을 한국으로 데려오기로 결정했다. 그 결정에 따라 우리 공군은 공정통제사를 포함한 특수임무단을 아프가니스탄에 보냈고, 수송기를 통해 아프가니스탄인들을 무사히 데려올 수 있었다. 이 아프가니스탄인 수송 작전이 미라클 작전이다.

군인공무원의 직업적 성격

1) 언제 어디서나 국방을 생각하다

2002년 월드컵은 온 국민의 축제였다. '오, 필승 코리아' 라는 응원 구호가 월드컵 기간 내내 전국에 울려퍼졌다. 그런데 월드컵 결승전을 하루 앞둔 날, 북한 경비정 두 척이 서해의 북방한계선(NLL)을 넘어와 한국 경비정에 기습 포격을 하는 사건이 일어났다. 이에 우리 해군은 즉각 대응하며 교전이 벌어졌다. 교전은 북한 경비정들이 달아나면서 25분 만에 막을 내렸다. 하지만 기습을 당한 우리 해군은 안타깝게도 여섯 명의 전사자를 내고 말았다. 월드컵 열기에 들떠 있던 우리 국민에게 충격을 안겨준 이 교전이 바로 연평해전이다. 연평해전을 일으킨 북한 경비정의 선제 포격은 명백히 정전협정을 위반한 행위였다.

2002년 월드컵에서 한국 축구대표팀은 역대 최고 성적인 4위를 기록했다. 많은 국민이 월드컵으로 즐거움을 얻고, 희망도 얻었다. 우리 국민의 거리 응원 문화는 전 세계의 눈길을 끌어 한국과 한국인의 이미지를 높였다. 이 빛나는 성과들을 올릴 수 있었던 바탕에는 여러 가지가 있겠지만, 튼튼한 국방을 빼놓을 수는 없다. 군인들의 노고와 희생이 없었다면 월드컵 개최 자체가 불가능했을지도 모른다. 군인은 국방을 제일의 사명으로 삼아야 하는 직업이다.

국방은 곧 국민을 지키는 일이기 때문이다.

2) 명령과 복종을 강요받는 직업

군대는 명령과 복종이 그 어느 조직보다 강조되는 조직이다. 전투라는 매우 특수한 업무 탓이다. 임진왜란 때 이순신 장군의 명령을 부하들이 따르지 않았다면 어떻게 되었을까? 만약 그랬다면 이순신 장군이 이끄는 수군(조선시대 해군) 함대가 왜군과 싸워 이길 수 있었을까? 역사에서 '만약'은 쓸모없는 것이라지만, 만약 그런 일이 있었다면 오늘날 대한민국이란 나라는 지도에서 찾아볼 수 없었을지도 모른다.

이순신 장군은 부하가 지휘관의 명령을 받드는 풍토를 다지기 위해 애쓴 인물이다. 눈물을 머금고 탈영병의 목을 벤 것이 그 예이다. 탈영은 중대한 명령 위반 행위인데, 탈영병을 용서했다가는 제2, 제3의 탈영병이 나올 수 있다고 판단한 것이다. 군대의 기강을 군기라고 한다. 상관의 명령을 우습게 아는 군대는 군기가 무너질 수밖에 없고, 군기가 무너진 군대는 강한 전투력을 발휘할 수 없다. 이것이 이순신 장군이 명령과 복종을 중요하게 생각한 이유이다.

명령과 복종을 강조하는 문화는 사실 많은 하급 군인에게 피로감과 무력감을 안기기도 한다. 복종해야 하는 입장에서 부당하거나 어리석다고 느껴지는 명령에도 따라야만 하기 때문이다. 일선에서 임무를 수행하는 하급 군인들이 피로해지면 군대의 사기는 떨어지기 마련이다. 경직된 명령과 복종의 문화는 반드시 개선해 나가야 할 사항이다.

군인공무원에게 필요한 능력

1) 용기와 사명감

전쟁이 일어나면 군인은 무장을 하고 적을 물리쳐야 한다. 전쟁은 국가와 국가 사이의 싸움이다. 정치적으로 우위를 점하거나 상대 국가를 멸망시키는 것이 전쟁의 목적이다. 피 흘림을 피할 수 없는 싸움이다. 군인은 이 잔인한 싸움에 목숨 걸고 임한다. 그것이 군인의 사명이다. 군인에게 총을 쥐어준 것은 그 사명을 완수하라는, 국가와 국민의 뜻이다. 군인이 전쟁터에서 달아나거나 싸움에서 물러서면 국가의 안전은 적의 손에 넘어간다.

하지만 목숨을 건 싸움은 누구에게나 두려운 일이다. 군인도 사람이기에 예외일 수 없다. 군인은 사명감으로 용기를 내고, 그 용기로 두려움을 극복하는 것이다. 두려움을 극복하지 못한 군인은 승리를 거머쥐기 어렵다.

2) 강한 체력과 정신력

전투가 벌어지면 우선 밥을 제때 챙겨 먹는 것부터 힘들다. 제대로 씻지도 못하며, 꽁꽁 언 땅에서 잠을 자는 경우도 생긴다. 해충이나 풍토병이 있는 환경에 놓이기도 한다. 적을 찾거나 피하기 위해 하루에 몇십 킬로미터를 걸어야할 때도 있다. 전투에서는 이런 상황을 모두 견뎌야 한다. 그러므로 강한 체력과 정신력이 꼭 필요하다.

실제로 전투가 벌어져 혹독한 환경에 놓이는 것을 대비해서 군인은 훈련을 받는다. 수십 킬로미터를 걷는 행군을하고, 겨울에 차디찬 땅에서 자고, 태권도 같은 무술로 몸과 마음을 무장한다. 산이나 바다에서 스스로 먹을 것을 구하는 생존법도 배운다. 군인에게는 이러한 훈련을 견디는것에서부터 강한 체력과 정신력이 요구된다. 몸과 마음이약하면 현실적으로 군 생활을 해내기 어렵다.

3) 자기 통제력

군인은 국방이라는 업무 특성상 병영(군대가 집단으로 거처하는 집)에서 함께 지내는 시간이 많다. 뭉쳐 있어야 단결력이 높아지며, 전투 시 발 빠르게 대처할 수 있기 때문이다. 병영이라는 공간에 있는 시간이 길다 보니, 자연스럽게외부와 단절되는 시간도 다른 직업군에 비해 길 수밖에 없다. 때문에 바깥으로 나가고 싶은 충동이 커지기 쉽다. 이런 충동을 잘 다스리지 못하면 군인의 임무에 집중하는 데 어려움이 따른다.

또한 여럿이 모여 지내는 일은 생각보다 피곤하다. 서로 양보하고 배려해야만 공동체 생활이 원만해진다. 양보와 배려는 결국 자기 욕구를 참는 일이다. 자신이 하고 싶은 대로 한다면 양보와 배려의 행동은 나오기 어렵다. 여러모로 군인에게는 자기 통제력이 필요하다.

군인공무원이
되기까지

군인공무원의 계급

앞서 군인의 네 가지 신분에 대해 설명했다. 병사보다 한 단계 높은 신분인 부사관은 하사, 중사, 상사, 원사 네 개 계급의 군인이다. 보통 하사는 분대장, 중사는 소대장을 보좌하며 병사를 통솔하는 부소대장을 맡는다. 부대의 전투력 상승에 큰 영향을 미치는 계급이다. 상사와 원사는 대체로 부대 행정과 보급 관련 업무를 하는 행정보급관이나 수송, 정비 등 여러 분야의 관리관으로 활동한다.

준사관은 준위라는 특수한 계급의 군인이다. 상사 이상의 계급장을 달면 준위로 지원할 수 있다. 즉 상사에서 원사로 진급하기 전에, 또는 원사 진급 후에 준위 지원 자격이 주어진다. 계급상으로는 원사의 위, 소위의 아래이다.

준위가 되면 군복을 벗을 때까지 준위로 복무한다. 준위는 통신, 기갑, 항공, 병기탄약 등 전문적인 업무를 담당하는 경우가 많다.

가장 높은 신분인 장교는 병사와 부사관을 통솔하는 지휘관 신분이다. 장교는 위관급, 영관급, 장성급으로 나뉜다. 위관급은 소위, 중위, 대위 계급, 영관급은 소령, 중령, 대령 계급이다. 일반적으로 소위는 소대장, 중위는 소대장이나 부중대장, 대위는 중대장을 맡는다. 소령은 부대대장, 중령은 대대장, 대령은 연대장, 부사단장, 부여단장의 직책을 받는다. 장성급은 흔히 장군이라고 부르는, 별 계급장을 다는 장교다. 별 1개인 준장에서 시작해 소장, 중장, 대장, 원수로 진급할수록 별이 하나씩 더 붙는다. 사단장, 여단장, 군단장, 참모총장, 합동참모의장 등 최고 지휘관들이 바로 장성급 장교다.

별 5개인 원수는 상징적인 계급이다. 국가에 뚜렷한 공적이 있는 대장 중에서 국방부 장관의 추천과 국회의 동의를 거쳐 대통령이 임명한다. 국군이 탄생한 이래 아직까지 원수 계급장을 단 군인은 없다. 참고로 국군통수권자인 대통령을 '국가 원수'라고 부르는데, 이것은 군대 계급과는 상관없다. '국가 원수'의 '원수'는 나라의 으뜸가는 권력자라는 의미이다.

현역병과 군인공무원의 길

앞서 말했듯, 병사인 현역병은 현실적으로 공무원과 거리가 멀다. 부사관 이상, 군인 사회에서는 '간부'라고도 부르는 신분을 공무원으로 여기는 것이 사회 통념이다. 지금부터는 사회 통념에 따라 부사관 이상의 군인만을 군인공무원이라 표현하겠다.

육군 현역병이 되기는 쉽다. 두 가지 조건만 채우면 가능하다. 나이가 차고, 병역판정검사만 통과하면 된다. 병역판정검사는 심신의 질병 및 장애를 판정하는 검사로써 별도의 체력 검사는 없다.

군인공무원이 되는 방법은 여러 가지다. 성혁이 같은 육군 현역병은 부사관이 될 수 있다. 단, 성혁이는 장교는 될 수 없다. 대학에 못 가서. 현역병이 장교에 지원하려면 2년제 전문대학교 졸업과 동등한 학력을 가져야 한다. 부사관은 고등학교 졸업 이상 학력이면 일등병 때부터 지원 가능하다. 성혁이가 부사관에 지원해 직무수행능력 평가, 체력 평가, 면접을 통과한 뒤 육군부사관학교에서 16주 교육을 받으면 하사 계급장을 달고 군인공무원이 된다. 직무수행능력평가란 '간부선발도구'라고 불리는 필기시험이다. 공간 지각 능력, 언어 논리력, 자료 해석 능력, 상황 판단력, 직무적성 능력 등을 평가한다. 시중에 간부선발도구에 관한 참고서와 문제집이 많이 나와 있으므로 관심을 갖고 살펴보는 것도 좋은 방법이다.

해군과 공군에도 현역병이 부사관이 될 수 있는 길이 열려 있다. 해군 현역병은 고등학교 졸업 이상 학력이 있고 대령급 지휘관의 추천을 받으면 부사관 지원 자격을 얻는다. 공군의 경우 학력 조건은 같지만 지휘관 추천은 필요 없다. 한편 해군과 공군은 아직 현역병을 장교로 만드는 제도는 없다.

육해공군 모두 홈페이지를 통해 모집공고를 낸다. 각 홈페이지에서 장교와 부사관의 지원 자격, 채용 일정, 전형 방법 등을 확인할 수 있다.

· 육군 홈페이지 www.army.mil.kr

· 해군 홈페이지 www.navy.mil.kr

· 공군 홈페이지 rokaf.airforce.mil.kr

현역병이 장교 되는 법

전문대학 졸업 뒤에 또는 4년제 대학 2년 수료 뒤에 입대한 육군 현역병은 상등병 때부터 장교에 지원할 수 있다. 길은 두 가지, 간부사관과 육군3사관학교이다. 먼저 간부사관은 명칭 때문에 부사관과 헷갈릴 수 있는데, 소위로 임관하는 장교이다. 경험 많은 현역병을 장교로 세워 군 전투력을 높이겠다는 취지로 만든 것이 간부사관 제도이다. 육군3사관학교는 2년제 군사교육기관이다. 육군 현역병은 소속 부대의 대대장급 지휘관의 추천을 받아 지원할 수 있다. 특이한 것은 해군과 공군 현역병도 육군3사관학교에 지원해 육군 장교가 될 수 있다는 점이다. 다만 각 군 참모총장의 추천을 받아야만 지원 가능하다.

해군과 공군에는 간부사관 제도가 없다. 육군3사관학교도 해군과 공군 현역병에게 문을 열어두고 있지만 사실상 육군의 군사교육기관이다. 군인공무원이 되는 길은 육군 쪽이 상대적으로 넓다. 대한민국 국군이 육군 중심의 군대인 탓이다. 북한과 대치하고 있는 분단 상황이 육군에 치중하게 만들었다. 육군, 해군, 공군의 수를 비율로 따지면 8:1:1이다. 60만 국군 병력 중 50만을 육군이 차지한다.

대학생이 장교 되는 법
1) 학사사관과 학사예비장교후보생

육군 학사사관은 4년제 대학 이상 졸업자나 졸업 예정자가 장교가 되는 통로이다. 앞서 소개한 직무수행능력평가와 국사 과목으로 필기시험을 치른다. 이후 체력평가, 면접을 통과해야 한다. 졸업 예정자가 학사사관에 지원해 합격하면 졸업 후 바로 입대해야 한다. 해군의 경우 '사관후보생', 공군의 경우 '학사사관후보생'이란 이름으로 학사사관을 선발한다. 육해공군 모두 지원 자격과 선발 방법이 거의 동일하다. 또한 어떤 형태의 장교든 필기시험은 대체로 직무수행능력평가와 국사 과목으로 행한다.

정규 4년제 이상 대학교 1, 2, 3학년 재학생은 육군 학사예비장교후보생 시험을 치를 수 있다. 학사예비장교후보생 제도는 한마디로 학사사관을 미리 뽑는 제도이다. 3학년 때 군인공무원이 되기로 마음먹은 민정이는 학사예비장교후보생에 지원할 수 있다. 만약 민정이가 해군이나 공군에 뜻이 있다면 원하는 군에 도전하면 된다. 해군과 공군의 '예비장교후보생'이 바로 학사예비장교후보생에 해당한다.

2) 학군사관(ROTC)

영어 약자인 ROTC(Reserve Officers Training Corps)로도 불리는 장교다. 4년제 대학에 설치된 학생군사교육단, 줄여서 학군단 출신이 학군사관이 된다. 육군의 경우 전국 4년제 대학 중 113개 대학에 학군단이 있으며, 1, 2학년 재학생에게 지원 자격이 주어진다. 학군단에 뽑히면 2년 동안 학기 중에는 교내에서, 방학 중에는 육군학생군사학교에 들어가 군사 훈련을 받는다. 졸업하자마자 소위가 되어 군

생활을 시작한다. 육군 학군단은 대학별로 자체 선발한다. 다만 여학생의 경우 여대 학군단이 있는 이화·숙명·성신 여대를 제외한 대학의 여학생은 전국을 10개 지역으로 나누어 지역별로 선발한다.

해군은 한국해양대, 부경대, 목포해양대, 제주대에 학군단이 설치되어 있다. 1학년 재학생에게 응시 기회가 있다. 공군 학군단을 운영하는 대학은 한국항공대, 한서대, 한국교통대, 서울과학기술대, 숙명여대, 경상국립대 6곳이다. 2학년 재학생이 응시 기회를 얻는다.

3) 군 가산복무 지원금 지급대상자

한때 군장학생 제도로 불렸던 제도이다. 육해공군 모두 군 가산복무 지원금 지급대상자 제도를 운영하고 있다. 이 제도의 혜택을 받으면 학기 중 등록금 지원을 받는다. 졸업 후 군사 교육을 받고 소위로 임관한다. 육군의 경우 4년제 대학의 1, 2, 3, 4학년 재학생이 지원할 수 있다. 해군은 4년제 대학의 1, 2, 3학년 재학생에게 지원 자격이 주워진다. 직무수행능력평가와 국사 과목으로 필기시험, 체력평가, 면접 등을 통과해야 지급대상자가 된다.

공군은 군 가산복무 지원금 지급대상자 제도를 '군'과 '조종' 두 분야로 나누어 시행한다. 군 분야는 공군이 정보통신 인재를 키우기 위해 계약을 맺은 아주대 국방디지털융합학과 학생을 위한 제도이다. 이 학과 학생은 '국방 정보통신기술'을 중심으로 공부하고, 졸업 후 공군의 정보통신, 항공전자 등의 병과에서 복무한다. 조종 분야는 한서대 항공운항학과 및 항공융합학부 항공조종 전공, 항공대 항공운항학과, 교통대 항공운항학과 재학생을 포함해 일반 4년제 대학 재학생에게도 기회가 주어지는 제도이다. 전문비행교육은 졸업 후에 배우기 때문에 일반 대학 학생도 조종사가 꿈이라면 도전해볼 만하다.

4) 전문사관

병사의 특기병처럼 특기가 있는 장교를 뽑는 육군의 선발 제도이다. 통역, 재정, 전산, 법무행정, 군악, 의무, 간호 등 다양한 분야에서 인재를 모집한다. 4년제 대학 졸업자나 졸업 예정자가 응시할 수 있는데, 분야에 따라 관련 학위나 자격증을 요구한다. 통역, 군악 같은 분야는 실기 시험도 치른다.

해군과 공군은 전문사관이라는 명칭만 쓰지 않을 뿐 역시 특기가 있는 장교를 따로 선발한다. 보통 위에 언급한 장교 선발 제도를 시행할 때 특정한 자격이나 전공이 있는 사람을 구분해서 모집한다. 육해공군 모두 모집공고에 각 분야 지원 자격에 대해 자세히 안내한다. 이것은 때에 따라 변경될 수 있기 때문에 홈페이지의 모집공고를 틈틈이 확인하는 것이 좋다.

5) 육군3사관학교

앞서 소개한 육군3사관학교는 전문대 졸업예정자, 4년제 대학 2학년 이상 수료자에게 입학 기회를 준다. 다니던 학교를 그만두고 새로운 학교에 입학하는 편입학의 개념이다. 따라서 민정이가 육군3사관학교에 입학하려면 다니고 있는 대학을 그만두어야 한다. 민정이는 대학 생활 4년 중 남은 2년은 육군3사관학교에서 공부하고, 졸업 후 소위가 된다.

대학생이 부사관 되는 법

1) 학군부사관(RNTC)

전문대에 설치된 부사관학군단 출신 부사관을 가리킨다. 영어 약자로 RNTC(Reserve Non-commissioned officer's Training Corps)라고도 불린다. 육군 부사관학군단은 경북전문대, 대전과학기술대, 전남과학대 3개교에 있다. 경기과학기술대와 대림대에는 해군 부사관학군단이, 영진전문대에는 공군 부사관학군단이 있다. 여주대에서는 해병대 부사관학군단을 운영한다.

부사관학군단은 전문대 재학생을 위한 제도이다. 장교가 되는 학군단 학생처럼 전공 공부와 군사 교육을 병행하며, 졸업 후 하사로 군 생활을 시작한다. 아직은 부사관학군단을 운영하는 전문대가 드물지만 점차 늘어날 전망이다.

2) 군 가산복무 지원금 지급대상자

장교 대상의 군 가산복무 지원급 지급대상자 제도와 같은 성격의 제도이다. 선발 과정도 비슷하다. 다만 부사관의 경우는 육군과 해군만 이 제도를 운영한다. 두 군 모두 전문대 이상 대학의 최종 학년 재학생에게 응시 기회를 준다. 즉 2년제 전문대는 2학년 재학생, 4년제 대학은 4학년 재학생이 도전할 수 있다.

육군의 경우 특별히 '전투부사관'이란 이름으로 지급대상자를 선발하는 제도가 추가로 있다. 육군과 협약한 대덕대, 원광보건대, 전남과학대, 영진전문대 4개 대학의 '전투부사관과' 또는 '전투부사관전공' 학생을 대상으로만 뽑는 제도이다. 이 제도에 의해 선발된 학생들은 졸업 후 보병, 포병, 기갑 등 육군의 전투 부대에서 하사로 군 복무를 시작한다.

군인공무원을 꿈꾸는 고등학생이라면?

1) 사관학교

고등학교 때 장교로 진로를 정했다면 사관학교에 도전해보자. 사관학교는 장교를 길러내기 위한 군사교육기관으로, 정규 4년제 대학과 동일하게 4년 동안 재학생을 교육한다. 육해공군 모두 사관학교가 있다.

육군사관학교의 경우 국어, 영어, 수학으로 1차 필기시험을 치른다. 1차 필기시험 합격자에 한해 2차 시험인 신체검사, 오래달리기, 윗몸일으키기, 팔굽혀펴기 등의 체력검정과 면접에 응시할 수 있다. 고등학교 내신 성적과 대학수학능력시험 성적까지 반영해 최종 합격자를 선발하므로 평소 학교 공부는 물론 체력 기르기에도 힘쓸 필요가 있다. 해군사관학교와 공군사관학교의 선발 기준 및 과정도 육군사관학교와 거의 동일하다. 각 군의 사관학교 홈페이지에 자세한 모집 정보가 나와 있다.

간호에 뜻이 있다면 국군간호사관학교에 지원하는 것도 좋은 방법이다. 국군간호사관학교는 육해공군의 간호장교를 양성하는 특수목적 대학이다. 육해공군 사관학교와 비슷한 방법과 절차로 학생을 선발한다.

· 육군사관학교 홈페이지 www.kma.ac.kr

· 해군사관학교 홈페이지 www.navy.ac.kr

· 공군사관학교 홈페이지 www.afa.ac.kr

· 국군간호사관학교 홈페이지 www.kafna.ac.kr

2) 4년제 대학의 군사학과

사관학교는 사실 문턱이 높은 편이다. 성적 우수자들이 많이 지원하기 때문이다. 장교가 꿈인데 현실적으로 사관학교에 붙을 성적이 안 된다면 군사학과에 도전하는 것도 좋은 대안이다. 군사학과는 몇 안 되는 일부 4년제 대학에서 두고 있는데, 그중에서도 각 군과 계약을 맺은 대학이 있다. 기왕 군사학과에 가려면 계약을 맺은 대학을 선택하는 것이 좋다. 입학과 함께 군 가산복무 지원금 지급대상자가 되어 장학금을 받을 수 있고, 졸업하면 장교 임관 자격이 주어지기 때문이다.

육해공군 모두 군사학과와 계약을 맺고 있다. 학과 이름은 '군사학과' 외에 조금씩 다른 이름을 쓰기도 하는데, 보통 군사학과라고 하면 군과 계약을 맺은 모든 관련 학과를 의미한다.

각 군과 계약을 맺은 대학의 군사학과

	대학	학과명
육군	건양대	군사학과
	경남대	군사학과
	대전대	군사학과
	영남대	군사학과
	용인대	군사학과
	원광대	군사학과
	조선대	군사학과
	청주대	군사학과
해군	세종대	국방시스템공학과
	충남대	국가안보융합학부 해양안보학 전공
	한양대 에리카캠퍼스	국방정보공학과
해병대	단국대	해병대군사학과
공군	세종대	항공시스템공학과
	아주대	국방디지털융합학과
	영남대	기초교육대학 자율전공학부 항공운항계열

*2021년 기준

한편 국방부와 계약을 맺은 특별한 군사학과가 한 곳 있다. 바로 고려대 사이버국방학과다. 정보기술의 발달로 군에서도 정보보안 전문 인력이 필요하게 되었고, 그 필요에 따라 국방부와 고려대가 뜻을 모아 만든 군사학과이다. 사이버국방 전문 장교를 키우기 위해 국방부와 계약한 유일한 학과라서 진입 장벽이 꽤 높다. 사이버국방학과를 졸업하면 장교로서 정보통신 병과에서 군 복무를 한다.

3) 전문대의 부사관과

4년제 대학의 군사학과와 성격이 비슷한 전문대의 군사학과이다. 다만 부사관 양성이 목표인 학과이기에 '부사관과'라고 부른다. 대학에 따라 '부사관과'라는 이름 외에 다른 이름을 쓰기도 하는데, 모두 부사관과로 묶인다. 일부 전문대는 '군사학과'라는 학과명을 쓰지만, 이 또한 4년제 대학의 군사학과와는 다른 부사관과에 해당한다. 가령 동원대 부사관학과, 서영대 부사관과, 경민대 효충사관과, 강릉영동대 군사학과는 모두 부사관과이다.

부사관과에서는 부사관 전문 교육을 받을 수 있다. 하지만 4년제 대학의 군사학과와 달리 졸업한다고 자동으로 부사관이 되지 않는다. 부사관 시험을 치러서 합격해야 한다. 부사관과 출신은 시험에서 가산점을 받을 수 있을 따름이다. 또한 부사관과는 육군에 편중되어 있다. 부사관과를 진학할 계획이라면 이런 점들을 충분히 고려해야 한다. 한편 부사관과에 진학했다가 장교로 꿈이 바뀐다면 육군3사관학교에 편입하면 된다.

군과 협약을 맺은 일부 대학 부사관과의 경우 소수의 학생이 자격증 취득, 총장 추천 등으로 시험 없이 부사관이 되기도 한다. 특기가 있는 '기술부사관'을 키우는 부사관과에 이런 혜택이 좀 더 있는 편이다. 기술부사관을 키우는 군 협약 부사관과로는 마산대 해군부사관학부(해군), 구미대 특수건설기계과(육군), 헬기정비과(육군), 항공정비과(공군), 창원문성대학교 국방물자과(육군), 특수장비과(육군) 등을 꼽을 수 있다. 참고로 국방물자과는 장비 부속 보급, 물자 보급, 장비 정비 관리를 전문으로 하는 부사관을, 특수장비과는 전차, 장갑차, 자주포 같은 육군 무기의 정비를 담당하는 부사관을 양성한다.

4) 민간부사관

군이 대학에 가지 않아도 육해공군의 부사관이 될 수 있다. 기본적으로 부사관은 고졸 학력자를 뽑기 때문이다. 부사관으로 꿈을 정했고, 대학에 큰 미련이 없다면 부사관으로 직행하는 것도 인생 설계의 방법이다. 일찍 군인공무원의 길을 걸으면 그만큼 경력을 더 쌓는 장점이 있다.

육군의 경우 민간부사관이라는 이름으로 고졸 이상 학력자 또는 고등학교 졸업 예정자를 부사관으로 뽑는다. 해군과 공군은 그냥 '부사관후보생'으로 모집공고를 낸다. 육해공군 모두 특별한 자격이나 특기가 필요한 분야와 그렇지 않은 분야가 있다.

해군을 예로 들면, 항해나 기관 분야는 고졸 이상 학력만 있으면 누구나 지원할 수 있다. 반면 사이버 분야는 지원자에게 프로그래밍 관련 자격증이나 사이버 관련 경연대회 수상 경력을 요구한다. 또한 육해공군 모두 중학교 졸업 학력자에게도 부사관의 기회를 준다. 단, '국가기술자격법'에 의한 자격증을 가진 사람만 지원 가능하다. 해군의 경우, 항해나 기관 분야에 중졸 학력자가 지원하려면 항해사 자격증이나 배관기능사 자격증이 꼭 있어야 한다.

군인공무원을 꿈꾸는 중학생이라면?

중학생 때 군인공무원, 그중에서도 부사관으로 꿈을 정한 남학생이라면 군특성화고등학교에 도전해보자. 남학생으로 한정한 것은 군특성화고 졸업생은 병사를 거쳐 부사관이 되기 때문이다. 현재 대한민국 국군은 여자 병사를 뽑지 않는다는 것을 기억하자.

우리나라에는 43개(2021년 기준)의 군특성화고가 있다. 대부분은 학교 전체가 군특성화고가 아니라 군특성화 학과를 운영하는 형태이다. 정부가 주도해 탄생한 군특성화고는 육해공군과 협약을 맺고 전문기술부사관을 길러내는 고등학교이다. 군특성화고를 홍보하는 홈페이지 '군(軍)특성화고(www.mnd-hs.org)'에서 상세한 정보를 얻을 수 있다.

군특성화고 학생은 고등학교 기본 교육과 군에서 필요한 특기 교육을 동시에 받는다. 졸업하면 곧장 특기병으로 입대해야 할 의무가 있다. 병사로 병장까지 복무한 후 하사 계급을 달고 15개월 복무를 하는 것도 의무이다. 이후 중사 이상의 부사관으로 직업군인의 길을 걷거나 사회 진출의 길을 선택할 수 있다. 또한 상등병 계급을 달았을 때 군과 협약을 맺은 2년제 대학에 진학하는 길도 열려 있다. 이경우 군 생활과 대학 생활을 병행하게 된다.

군특성화 고등학교와 협약을 맺은 군

군특성화 고등학교 (가나다 순)	협약을 맺은 군	특기
강호항공고등학교	공군	항공정비
경기기계공업고등학교	육군	자주포

경북기계공업고등학교	해병대	정보통신, 궤도정비 *궤도: 탱크, 장갑차, 자주포 등
경북하이텍고등학교	육군	정보통신
경북항공고등학교	공군	항공정비, 헬기정비
경남자동차고등학교	육군/공군	차량운용, 공병
광운전자공업고등학교	육군	정보통신
금파공업고등학교	육군	정보통신, 궤도정비
김해건설공업고등학교	공군	공병
남원제일고등학교	해군	조리
대구일마이스터고등학교	육군	정보통신, 총포정비
대구공업고등학교	육군	수송정비
대전공업고등학교	해병대	수송정비, 기갑조종
동아마이스터고등학교	육군	정보통신, 궤도정비
부산전자공업고등학교	육군	정보통신
부평공업고등학교	해병대	자주포
상서고등학교	공군	조리
서귀포산업과학고등학교	해군	정보통신
서산공업고등학교	육군	공병
서울로봇고등학교	육군	정보통신, 드론
성동공업고등학교	해군	선박, 기관정비

송파공업고등학교	육군	정보통신, 공병
수원공업고등학교	육군	정보통신
신라공업고등학교	육군/해병대	정보통신, 차량운용
안산공업고등학교	육군	정보통신
예산전자공업고등학교	육군	정보통신
영남공업고등학교	육군	기갑조종
영천전자고등학교	해병대	정보통신
용산공업고등학교	해군	정보통신
인덕과학기술고등학교	육군	차량운용, 공병
인천소방고등학교	육군	총포정비
인천정보과학고등학교	육군	정보통신
인천해양과학고등학교	해군	선박
연무대기계공업고등학교	해병대	무기정비
정남진산업고등학교	육군	기갑조종
조일고등학교	육군	기갑조종
증평공업고등학교	해병대	공병
진안공업고등학교	육군/해병대	정보통신, 공병
춘천기계공업고등학교	육군	궤도정비
태백기계공업고등학교	육군	궤도정비, 총포정비
한국국제조리고등학교	육군	조리병

한국치즈과학고등학교	해병대	조리
한양공업고등학교	육군	차량운용

일반 군특성화고와는 성격이 다른 공군만의 '특성화고'
가 있다. 마이스터고인 공군항공과학고등학교다. 공군과
협약을 맺은 공군항공과학고 학생은 졸업 후 바로 부사관
으로 복무한다. 병사 입대가 의무가 아니므로 여학생도 선
발한다. 이 학교의 주 교육 과정은 공군기술부사관을 키우
기 위한 항공기술이다.

특수부대원이 되고 싶다면

1) 육군 특수전사령부

공수부대라는 이름으로 더 유명한 육군 특전사의 꽃은
하사 이상 계급인 특전부사관이다. 전투팀은 이들 특전부
사관 중심이며, 병사인 특전병은 행정 업무나 전투 지원 업
무를 맡는다. 전투팀을 지휘하는 지휘관은 장교이지만, 실
제 전투를 수행하는 것은 특전부사관이다. 특전병은 병무
청에서 서류 심사와 체력 평가로 뽑는데, 중졸 이상 학력의
남자라면 누구나 지원할 수 있다.

특전부사관은 특수전사령부에서 선발한다. 남녀 모두 고

졸 이상의 학력이 필요하다. 자세한 사항은 특수전사령부 홈페이지(www.swc.mil.kr)에서 안내하고 있다.

2) 해병대

해병대는 병사가 전투팀의 중심이 된다. 병사의 경우 일반병과 특기병(전문기술병) 분야가 나뉘어 있어 자신에게 알맞은 분야를 선택할 수 있다. 육해공군 병사의 선발 제도와 크게 다르지 않다. 병무청의 모집공고에 자세한 내용이 나오니 틈틈이 확인하면 도움이 될 것이다. 부사관 및 장교 선발 제도 역시 지금까지 설명한 육해공군의 선발 제도와 거의 비슷하다. 부사관과 장교의 선발 제도에 관해서는 해병대 홈페이지(www.rokmc.mil.kr)에서 안내하고 있다. 참고로 해병대는 상륙 작전이 주 임무이므로 수영을 배워두면 군 생활에 큰 도움이 된다.

3) 해군 특수전전단

육군 특전사처럼 특전부사관이 전투팀의 중심이다. 하지만 육군 특전사 특전병과 달리 해군 특수전전단 특전병은 전투팀에서 강도 높은 전투 훈련을 받는다. 군인공무원의 길을 걷지 않고 특전병으로 병역 의무만 마치고 싶은 사람은 해군 기술병의 특전계열에 지원하면 된다. 물론 특전병 생활을 하다가 특전부사관으로 지원할 수 있는 길도 열려 있다. 특전병 지원에 관한 사항은 병무청 홈페이지의 '군지원 안내', '해군' 영역에서 확인할 수 있다. 특전부사관에 대한 사항은 해군 홈페이지에서 안내한다. 참고로 특전병이든 특전부사관이든 200미터를 헤엄쳐 갈 수 있는 수영 능력은 필수 지원 요건이다.

4) 공군 공정통제사

소규모로 운영되는 특수부대 공정통제사는 전원 부사관으로 구성된다. 보통 공군에서 부사관후보생을 뽑을 때 공정통제사도 특별전형으로 함께 뽑는다. 이름은 특별전형이지만 대체로 신체조건과 체력 외에 특별한 지원 자격은 없다. 한국사능력검증 자격증이나 일정 기준 이상의 토익 점수는 가산점 요건이 된다. 워낙 소수정예로 운영하는 부대라 꼭 정기적으로 선발하지는 않는다. 가끔 여군을 뽑지 않을 때도 있다. 또한 특별전형에 합격한다고 바로 공정통제사가 되는 것도 아니다. 12주간의 공군부사관후보생 기초군사훈련을 마쳐야만 비로소 공정통제사의 상징인 붉은 베레모를 쓸 수 있다. 이들은 수송 물자나 병력을 안전하게 투하할 수 있도록 목표 지점의 안전을 확보하는 일을 한다.

군인공무원으로
살아간다는 것

군인공무원의 좋은 점

군인공무원은 국가와 국민을 지키는 일을 통해 애국심을 가질 수 있고, 임무 수행을 통해 사명감도 높일 수 있다. 생계 면에서도 장점이 있다. 무엇보다 주거가 보장된다는 장점이 있다. 군인공무원에게는 기본적으로 관사가 제공되므로 주거비를 절약할 수 있고, 절약한 만큼 저축할 수 있다. 다른 공무원에 비해 연봉이 높다는 점도 빼놓을 수 없다. 전역 후 받는 군인연금은 일반 공무원이 은퇴 후 받는 공무원연금보다 액수가 크다. 20년 복무라는 조건만 채우면 안정적인 노후를 보장받을 수 있다.

부사관의 경우 근속 승진 면에서도 장점이 있다. 특정 기간을 계속 근무했을 때 승진하는 것을 근속 승진이라 한다. 부사관은 하사로 5년을 복무하면 중사로, 중사로 11년을 복무하면 상사로 진급한다. 징계와 같은 심각한 결격 사유가 없는 한 기간만 채우면 자동 승진하는 것이다. 참고로 장교의 경우 원칙적으로 근속 승진 제도가 없다. 장교는 엄격한 진급 심사를 받는다.

비록 상사에서 원사로 올라갈 때는 근속 승진이 안 되지만 크게 문제될 것은 없다. 군대에는 다른 공무원 사회에 없는 '계급 정년 제도'라는 것이 있다. 한 계급에서 일정 나이가 찰 때까지 진급을 못하면 전역해야 하는 것이 바로 계급 정년 제도이다. 상사의 계급 정년은 53세이다. 53세까지 원사 계급을 달지 못하면 전역해야 한다. 그런데 부사관의 정년은 55세로, 상사의 계급 정년과 2년밖에 차이 나지 않는다. 따라서 근속 승진으로 상사 계급장만 달면 부사관의 정년을 거의 다 채우고 전역할 수 있다.

군인공무원의 힘든 점

계급 정년은 군인공무원을 힘들게 하는 주요 요인 중 하나이다. 근속 정년 제도 역시 적잖은 부담을 준다. 근속 정년 제도란 한 계급에서 일정 근무 기간까지 진급을 못하면 전역해야 하는 제도이다. 두 제도 모두 부사관보다 상대적으로 장교 쪽이 더 압박을 느낀다. 장교는 근속 승진을 보장받지 못하기 때문이다.

　장교는 대체로 소위 1년, 중위 2년을 복무하면 대위가 될 수 있다. 중대한 결격 사유가 없다면 위관급의 최고 계급인 대위까지 진급은 무난한 편이다. 하지만 영관급인 소령 진급은 만만치 않고, 그 위 계급으로 갈수록 점점 더 힘들어진다. 대위의 경우 계급 정년은 43세, 근속 정년은 15년이다. 대위를 달고 43세까지 소령 진급을 못하거나, 43세가 안 되더라도 복무 15년 차까지 대위로 머물러 있다면 이듬해엔 군복을 벗어야 한다. 43세에 극적으로 소령 계급을 달더라도 기뻐할 겨를이 없다. 소령의 계급 정년이 45세라 2년 안에 중령 진급을 못하면 역시 강제 전역이 된다.

　계급 정년과 무관하게 소위 1년, 중위 2년을 마치고 대위를 단 군인이 15년 복무 후 근속 정년으로 전역하면 총 복무 기간은 18년이 된다. 이 경우 복무 기간이 20년을 넘지 않으므로 군인연금을 받지 못한다. 보통 이십대 중반에 장교가 되므로 만약 18년 만에 전역하면 사십대 중반이 된다. 사회적으로 한창 활동할 나이에 실업자가 되는 것이다. 군인공무원을 꿈꾸는 사람이라면 반드시 고려해야 할 현실적인 문제가 아닐 수 없다.

거주지의 잦은 이동

군인공무원은 거주지 이동이 다른 직업에 비해 잦은 편이다. 전방인 강원도에서 복무하다가 후방인 충청도에서 복무하기도 한다. 부사관은 5년이나 10년까지 한 지역에서 복무하기도 하지만, 장교는 보통 2~4년 내에 한 번씩 지역을 옮긴다. 옮겨간 부대가 살던 곳과 멀면 이사는 불가피하다. 이것은 사람에 따라 활력이 되기도, 스트레스가 되기도 한다. 새로운 환경에서 사는 것을 즐기는 사람에게는 활력이 되지만, 한곳에서 정착하기를 원하는 사람에게는 스트레스가 된다.

군인공무원의
미래

장기복무자 정원을 확대하는 이유

대한민국 국군의 수는 줄곧 60만 명대를 유지해왔다. 경제력에 비해 상당히 큰 규모의 병력인데, 북한과 대치하는 특수한 상황으로 인해 규모를 줄이기 어려웠다. 2015년에 65.5만 명을 기록했던 국군 병력은 2020년에 55만5,000명 가량으로 줄었다. 국군은 2022년에 50만 명(병사 30만 명)으로 줄일 계획을 세우고 있다. 우리나라 형편에 50만 명도 엄청난 규모다. 젊은이들이 군대에 많이 몸담으면 나라 경제가 손해다. 경제활동을 할 인구가 그만큼 빠져나가기 때문이다. 그런데 경제적 이유로 인원 감축을 하지 않더라도 국군의 규모는 갈수록 줄어들 전망이다. 원인은 저출산이다.

감사원 자료에 따르면, 2020년 33만3,000명에 달했던 병역의무대상자가 2022년에는 25만8,000명, 2039년에는 15만1,000명까지 줄어든다고 한다. 군대도 저출산에 대비해야 할 때가 온 것이다. 이에 국군 병력의 80퍼센트를 차지하는 육군은 군인공무원의 선발 정원은 줄이고 대신 장기복무자 정원을 확대하겠다고 밝혔다. 군대가 계급 정년과 근속 정년을 둔 까닭은 장기복무자 정원을 제한하고 있기 때문이다. 선발 정원이 줄면 군인공무원 지망생에게는 당장 어려움이 닥칠 수도 있겠지만, 군인공무원이 된 뒤 더 안정된 길을 걸을 수 있기 때문에 단점만 있는 것은 아니다.

전문화와 특수화에 대비하라

2019년 한국직업정보시스템(www.work.go.kr)에서 분석한 일자리 전망에 따르면, 우리 군이 병력 규모 축소 계획에 따라 점차 군을 전문화 및 특수화시킬 것이라고 한다. 즉 항공기나 잠수함 같은 무기에 더 투자해서 군을 현대화시키면 병력은 줄지만 전투력은 유지할 수 있다는 것이 군의 계산이다. 항공기나 잠수함을 다루려면 전문화되고 특수화된 군인이 필요하다. 군인공무원이 꿈이라면 일반 분야가 아닌 특기 분야에 눈을 돌리는 것도 현명한 선택이 될 수 있다.

여성징병제와 모병제 사이에서

현재 현역병은 남성만 징병제로 뽑는다. 저출산으로 징병 대상자가 줄고, 우리 사회에 양성평등과 공정에 대한 요구가 높아지면서 여성도 현역병을 뽑자는 목소리가 나오고 있다. 즉 여성징병제를 시행하자는 것이다. 더불어 현역병도 모병제*를 해서 직업군인으로 만들자는 주장도 늘어나고 있다. 주장의 근거는 여성징병제의 그것과 같다. 현재 두 가지 해결책이 서로 대립하고 있는 중이다.

두 제도 모두 한 번도 시행해본 적이 없다. 따라서 어떤 것이 더 나은지 누구도 단정하기 어렵다. 여성징병제를 반대하는 쪽은 여자가 군대에 가면 사회 진출이 늦어져서 출산율에까지 악영향을 미치므로 손실을 불러올 것이라 걱정한다. 모병제를 반대하는 쪽은 현역병도 직업군인이 되면 월급을 많이 줘야 해서 국방비가 지금보다 늘어날 것이라고 주장한다.

장차 어떤 모집 제도가 뿌리내릴지 지금 시점에서는 단언하기 어렵다. 다만 우리 군이 궁극적으로 전문화와 특수화를 이루는 데 목표를 두고 있다는 점에 초점을 맞출 필

* 사람들을 모집해서 군대를 유지하는 제도.

요가 있다. 전문화와 특수화를 이루는 데 반드시 많은 병력이 필요한 것은 아니다. 전문성과 특수성을 갖춘 정예 요원만 있으면 된다. 정예 요원으로 군대가 운영되면 국방비는 자연스럽게 줄어든다. 이런 면에서 볼 때 병력 규모가 커지는 여성징병제보다는 모병제가 자리 잡을 가능성이 조금 더 높아 보인다. 이를 염두에 두고 평소 전문성과 특수성을 키우는 일에 힘을 기울이면 군인공무원의 꿈으로 한 발 가까이 다가갈 수 있을 것이다.

대한민국 군대의 편성 단위

"소대장님!"

"사단장님 명령이야."

군인을 소재로 한 영화나 드라마를 보았다면 한 번쯤은 이런 대사를 들어보았을 것이다. 소대장은 소대에서, 사단 장은 사단에서 우두머리이다. 소대와 사단은 군대의 편성 단위이다. 군대의 편성 단위는 여러 가지이며, 그 규모도 다양하다. 육군을 중심으로 군대의 편성 단위를 알아보자.

① 분대

가장 작은 편성 단위로, 보통 6~15명 정도의 병사로 구 성된다. 분대장은 최고 계급인 병장이, 병장이 없으면 상병이 맡는다. 부사관인 하사가 분대장을 맡기도 한다. 이 경우 하사는 다른 분대 분대장들을 통솔하는 선임분대장이 된다.

② 소대

보통 3~4개 분대가 하나의 소대를 이룬다. 소대장은 소위나 중위가 맡는다. 소대장을 보좌하는 부소대장은 부사관인 중사가 맡는 게 일반적이다.

③ 중대

소대를 3~4개 묶은 것이 중대이다. 소대장의 상관인 중대장은 대위가 맡는다. 또한 보통 중대장부터 지휘관이라고 부른다.

④ 대대

중대 3~5개를 묶은 대대의 병력은 적어도 300명 이상이다. 대대의 지휘관인 대대장은 보통 중령이 맡는데, 규모가 작은 대대는 소령이 맡기도 한다. 한편 대대는 상급 부대의 명령이 있다면 독립적으로 작전을 수행할 수 있는 최소 단위의 부대이기도 하다. 가령 간첩이 보트를 타고 침투했다면 사단의 명령을 받아 1개 대대가 대대장의 지휘로 간첩을 잡기 위해 수색 작전을 벌일 수 있다.

⑤ 연대

대대 3~4개를 묶은 연대는 적어도 1,000명 이상 병력이 모인 집단이다. 연대는 대령인 연대장이 지휘한다.

⑥ 여단

연대보다는 크고 사단보다는 작은 편성 단위이다. 보통 2개의 연대로 이루어지는데, 포병여단, 기갑여단처럼 전문 병과로 구성한 여단도 있다. 또한 여단은 사단에 소속되기도 하고, 사단과는 별도로 '독립여단'으로 운영되기도 한다. 여단의 지휘관은 보통 준장이다. 즉 여단은 '장군'이 거느리는 부대이다.

⑦ 사단

보통 4개 연대와 공병대대, 헌병대대, 전차대대 같은 독립 부대들이 합쳐져 1개 사단을 이룬다. 사단 병력은 적어도 5,000명 이상이다. 사단을 이끄는 지휘관인 사단장은 별 2개인 소장이다.

⑧ 군단

2~5개 사단과 기타 전투 부대와 전투 지원 부대가 모인 편성 단위이다. 병력은 적어도 30,000명 이상이며, 지휘관인 군단장은 별 3개인 중장이다.

⑨ 지상작전사령부와 2작전사령부

지상작전사령부와 2작전사령부는 군단 위의 상급 부대이다. 이들 위에 육군 최고 기관인 육군본부가 있다. 지상작전사령부는 7개 지역 군단을 거느리는 대규모 부대로써 전방의 전선을 담당한다. 2작전사령부는 육군본부의 직할 부대로써 후방의 전선을 담당한다. 각각의 최고 지휘관인 지상작전사령관과 2작전사령관은 별 4개인 대장이다.

4장
9급 공무원
마스터플랜

9급 공무원은
어떤 직업이지?

공무원을 나누는 기준

공무원은 크게 경력직 공무원과 특수경력직 공무원으로 나뉜다. 먼저 특수경력직 공무원은 공무원 신분 및 정년이 보장되지 않으며, 이름처럼 '특수한' 경력의 공무원이다. 대통령, 국회의원, 국회의원보좌관, 지방자치단체장, 교육감 등이 특수경력직 공무원에 해당한다. 이들에게는 모두 정한 임기가 있다. 반면 경력직 공무원은 공무원 신분 및 정년이 보장된다. 사람들이 보편적으로 떠올리는 공무원은 바로 이들이다.

경력직 공무원은 업무 성격에 따라 일반직 공무원과 특정직 공무원으로 나뉜다. 특정직 공무원은 앞서 '군인공무원' 편에서 설명했다. 참고로 군인공무원처럼 군대에 몸담고 일반 행정 업무나 토목, 건축 같은 기술 업무를 하는 군무원도 특정직 공무원이다. 경찰행정공무원이 경찰공무원이 아니듯 군무원도 군인공무원이 아니다.

일반직 공무원은 쉽게 말해 일반적인 행정 업무를 보는 공무원이다. 예를 들어, 주민센터나 구청에서 일하는 사람들을 꼽을 수 있다. 우체국에서 일하는 우정직 공무원, 도로 닦기와 하천 정비 등을 담당하는 기술직 공무원도 모두 일반직 공무원에 해당된다. 그밖에 교도관이라 불리는 교정직공무원, 국회공무원, 법원공무원, 선거관리위원회공무원, 헌법재판소공무원도 있다.

일반직 공무원에는 급수가 있다. 가장 아래가 9급, 가장 위가 1급이다. 보통 공무원으로서 첫 사회 진출을 꿈꾸는 사람들이 준비하는 공무원 시험은 '9급 공개경쟁채용시험'이다. 흔히 9급 공무원 시험 또는 9급 공채라고 부른다.

9급 공무원의 종류

9급 공무원을 소속, 업무, 공개경쟁채용 시험 종류 등에 따라 편의상 9가지로 나눠보자.

1) 국가공무원(국가직 공무원)

국가가 임명하는 공무원이다. 이들은 국회, 법무부, 경찰청, 고용노동부, 국토교통부, 기획재정부, 우정사업본부 같은 국가 기관에 소속되어 일한다. 한편 공무원 사회에는 '직렬'이란 표현이 있다. 직무의 계열이란 뜻이다. 국가공무원 직렬에는 일반행정직을 비롯해 세무직, 관세직, 통계직, 교정직, 검찰직, 마약수사직, 철도경찰직, 직업상담직, 고용노동직, 선거행정직, 출입국관리직 등 여러 가지가 있다. 시설직(토목, 건축), 공업직(전기, 기계, 화공), 전산직, 농업직, 임업직, 환경직 같은 기술직도 포함된다.

1장 '경찰공무원' 편에서 경찰행정학과 전공자를 위한 경찰행정공무원에 관해 설명한 바 있다. 이들을 대상으로 하는 시험은 경찰에서 주관하는 '경찰공무원 경력경쟁채용시험'이다. 그런데 경찰행정학과 전공자가 아니어도 경찰행정공무원이 되는 길이 있다. 정부 기관인 인사혁신처에서 주관하는 '국가공무원 9급 공개경쟁채용시험'을 치르면 된다. 국가공무원 직렬에서 언급한 일반행정직 분야의 시험에서 경찰행정공무원을 뽑는다. 이 시험은 누구나 응시할 수 있다. 또한 우정사업본부에 소속되는 우정직공무원도 9급 공무원 일반행정직 분야의 시험을 통해 채용한다.

2) 지방공무원(지방직 공무원)

지방자치단체장이 임명하는 공무원이다. 지역의 공공기

관에 소속되어 해당 지역에 관련된 공공 업무를 본다. 가까운 예로, 도청, 시청, 군청, 구청, 주민센터 등에서 일하는 공무원을 들 수 있다. 이들 대다수가 바로 지방공무원이다. 지방공무원의 주요 직렬로는 일반행정직, 세무직, 교육행정직, 사회복지직, 사서직, 그리고 기술직군이 있다.

지방공무원은 각 지방에서 실시하는 공채로 뽑는다. 보통 '지방공무원 임용 시험'이란 이름으로 지방자치단체 인터넷 원서 접수센터(local.gosi.go.kr)와 각 지방자치단체의 홈페이지에 채용 공고를 낸다. 예외로 서울시는 서울시 홈페이지(www.seoul.go.kr)에만 공고한다.

또한 지방공무원 응시자에게는 거주지 제한 조건이 있다. 가령 경기도의 지방공무원이 되고 싶다면 경기도에 거주해야만 응시가 가능하다. 다만 서울특별시에 소속되는 서울시 지방공무원의 경우 응시자에게 거주지 제한 조건을 두지 않는다. 즉 강원도에 살든 전라도에 살든 서울시 지방공무원 시험에 응시할 수 있다.

3) 교육청 공무원

각 시·도 교육청에 소속되는 지방공무원이다. 주요 직렬은 교육행정직이다. 각 지역 교육청에서 지방공무원 시험을 통해 선발하는 교육행정직 공무원은 주로 공립학교의 행정실에서 회계, 시설관리, 학교운영위원회 관련 업무를 맡는다. 교육청 또는 교육청 직속 기관인 연수원, 연구원, 교육원 등에서 행정 업무를 보기도 한다.

한편 교육행정직 공무원은 국가공무원 시험으로도 일부 선발한다. 국가공무원 시험의 교육행정직 분야 시험인데, 이 시험으로 뽑힌 교육행정직공무원은 국가공무원이 된다. 이들은 교육부에 소속되며, 교육부나 국립대학에서 주로 일한다. 국사편찬위원회 같은 교육부 직속 기관에서 일하는 경우도 있다.

4) 계리직 공무원

계리직 공무원은 우정직 공무원처럼 우체국에서 일하는 공무원이다. 그런데 우정직 공무원과 달리 국가공무원이 아니라 지방공무원이다. 따라서 선발도 각 지방 우정청이 담당한다. 시험 과목도 한국사, 우편 및 금융 상식, 컴퓨터 일반 세 과목만 치른다. 계리직이 우정직과 헷갈리는 것은 우체국이라는 공간에서 함께 일하기 때문이다. 계리직은 우체국 창구에서 금융 업무를 하거나 우체국 내 회계 업무를 하는 공무원이다.

5) 국회공무원

국회에서 일하는 국가공무원이다. 국회의 행정 업무를 맡은 국회사무처에서 선발하며, 채용 공고도 국회사무처에서 관리하는 국회채용시스템 홈페이지(gosi.assembly.go.kr)에 낸다. 다른 공무원과 달리 국회공무원의 일반행정직은 8급에 속한다. 주요 직렬에는 사서직, 전산직, 속기직, 경위직, 방호직, 그리고 기술직군이 있다.

경위직 공무원은 '국회경위'라는 이름으로 국회의사당 안의 질서 유지, 국회 회의 중의 경호 등을 맡은 공무원이다. 방위직 공무원은 '국회방호원'이라 부른다. 국회방호원은 국회경위와 업무가 겹치는 면이 있는데, 국회 안에서 벌어지는 자해나 자살 시도, 테러, 시위, 흉기 위협과 같은 강력한 사건을 담당한다.

6) 법원공무원

사법부인 법원과 등기소에서 일하는 국가공무원이다. 9급에는 법원 사무 직렬과 등기 사무 직렬이 있다. 법원 사무란 그 범위가 무척 넓은데, 재판이나 법 집행에 관련된 잡다한 업무 정도로 이해하면 된다. 등기소는 등기 사무를 맡아 보는 사법부의 기관이다. 등기란 법에 따라 등기부에 부동산, 동산(돈·증권 따위)의 권리 관계를 적어 놓은 것, 또는 적는 일을 가리킨다. 등기소에서 일하는 법원공무원은 등기 서류의 내용 확인, 등기 여부 결정 등의 일을 한다.

법원공무원은 법원 행정을 담당하는 법원행정처에서 주관하는 시험을 통해 선발한다. 채용 공고도 법원행정처에서 관리하는 대한민국법원시험정보 홈페이지(exam.scourt.go.kr)에 낸다.

7) 지역인재 공무원

정부는 지역 균형 발전과 고졸 출신의 공직 진출 확대를 위해 지역인재 공무원 선발 제도를 만들었다. 이 제도의 정확한 명칭은 '지역인재 추천채용제도'이다. 그 이름처럼, 선발 방식에 '추천'이 들어간다. 현재 이 제도로 9급 공무원을 뽑고 있는데, 학교장 추천을 받은 특성화고와 마이스터고 졸업자 또는 졸업예정자가 선발 대상이다. 다만 추천만으로 선발하는 것은 아니다. 추천받은 사람들끼리 국어, 영어, 한국사 세 과목으로 필기시험을 치러야 한다. 합격자들은 6개월 동안 수습 근무까지 마쳐야 공무원으로 임용된다.

지역인재 공무원은 국가공무원에 해당한다. 주요 직렬은 일반행정직, 세무직, 회계직, 관세직, 그리고 공업직, 농업직, 임업직, 환경직, 식품위생직, 해양수산직 같은 기술직군이다. 인사혁신처에서 별도로 주관하는 지역인재 선발 시험을 통해 뽑는다. 채용 공고는 인사혁신처가 관리하는 사이버국가고시센터(www.gosi.kr)에 낸다.

8) 기상청 공무원

기상청에 소속된 국가공무원으로, 기술직에 속한다. 주요 직렬은 기상서기보이다. 여기서 '서기보'는 일반직 9급 공무원의 직급을 가리킨다. 8급의 직급은 '서기'다. 기상청 9급 공무원인 기상서기보는 일기예보나 태풍, 폭설 같은 기상특보에 관한 일을 맡는다. 기후변화를 예측해서 국가 기후변화 정책에 도움을 주는 정보를 제공하는 것도 주요 업무다. 기상청에서 선발하는 일꾼이므로 공채 시험 공고는 기상청 행정 홈페이지(www.kma.go.kr/kma)에 낸다. 필기시험 과목은 국어, 영어, 한국사, 기상학개론, 일기분석 및 예보법이다.

9) 군무원

국방부 소속의 공무원으로, 군부대에서 군인과 함께 근무한다. 특정직 공무원이지만 예외적으로 일반직 공무원처럼 급수를 둔다. 9급은 국방부에서 '9급군무원 공개경쟁채용시험'으로 뽑는다. 주요 직렬에는 행정직, 군수직, 군사정보직, 수사직, 그리고 기술직군이 있다. 이 중 수사직은 한마디로 군무원 사회에서의 경찰 역할이다. 군인공무원 사회의 군사경찰(헌병)과 대응한다. 수사직 군무원의 주 업무는 군무원의 범죄 수사, 비위 조사, 범죄 예방 등이다.

국민과 가장 가까운 9급 공무원

일반직 공무원의 9급 공무원은 어느 조직에서 일하든 업무 일선에 서기 마련이다. 공무원에게 '일선'이란 국민의 바로 옆이라 말할 수 있다. 특정직 공무원 중 경찰공무원의 순경, 소방공무원의 소방사, 군인공무원의 하사가 9급 공무원 대우를 받는다. 국민과 가장 가까운 거리에서 국민의 생활에 도움을 주는 것이 9급 공무원의 일이다.

일반직 공무원의 일반행정직, 그중에서도 9급 지방공무원은 아마도 일상생활에서 가장 자주 만나는 공무원일 것이다. 이들은 대체로 읍·면·동의 주민센터에서 첫 공무원 생활을 시작하기 때문이다. 주민센터는 지난날 읍사무소, 면사무소, 동사무소라 불리던 곳이다. 지금은 지역에 따라 행정복지센터로 이름을 바꾼 곳도 있는데, 아직은 주민센터라는 이름이 더 보편적이다. 주민센터는 국민 누구나 민원 및 행정 처리가 필요할 때 가장 먼저 찾게 되는 곳이다. 그곳에 가면 9급 공무원과 만나게 된다.

주민센터에서 만나는 9급 공무원

주민센터는 은행과 구조가 비슷하다. 기다란 데스크에 여러 창구가 있고, 그 데스크 너머 개인 책상에서 근무하는 직원들이 있다. 데스크의 창구에 앉아 있는 직원들은 대부분 9급 공무원이다. 또한 이들의 직렬은 일반행정직이나 사회복지직이다. 데스크 너머 직원들의 직렬도 마찬가지다. 주민센터 업무의 핵심이 행정과 사회복지이기 때문이다. 데스크 너머 직원들은 이른바 선배급으로, 보통 7급과 6급 공무원들이다. 이들이 하는 일은 주민센터 내 회계 업무부터 민방위대 소집 및 교육 지원, 동네 환경 정비, 동네 문제점 해결을 위한 주민과의 협력까지 참 다양하다. 주민센터의 책임자인 동장은 5급 공무원이다.

코로나가 한창일 때 18시 이후에는 동거 가족 4인만 음식점에 들어갈 수 있었다. 이때 동거 가족임을 증명하기 위해 주민등록등본을 음식점에 제시하기도 했다. 주민등록등본은 주민센터의 관련 창구에서 발급하는데, 이 일을 하는 사람이 일반행정직 9급 공무원이다. 해당 업무를 맡은 9급 공무원은 주민등록초본과 가족관계증명서를 발급하는 일도 한다. 이는 9급 공무원의 가장 기초적인 업무이다.

한편 청소년은 만 17세에 처음 주민등록증을 만드는데, 주민등록증 업무도 주민센터의 관련 창구에서 한다. 이 업무는 주로 8급 공무원이 맡는다. 출생신고, 사망신고, 전입신고˙도 대체로 8급 공무원의 몫이다. 하지만 담당 8급 공무원이 휴가, 결근 등으로 자리를 비웠을 때는 누구든 그 일을 대신해야 한다. 민원 업무에 구멍이 생기면 그 피해는 고스란히 국민에게 돌아간다. 이를 막는 것 역시 공무원의 업무이자 임무이다.

주민센터에는 사회복지직 9급 공무원도 있다. 관련 창구에서 장애인 등록 신청이나 국민기초생활 보장 급여˙˙ 신청을 받는 사회복지 업무를 한다. 물론 신청을 받는 일이 전부는 아니다. 9급을 포함한 사회복지직 공무원들은 복지 서비스를 안내하는 일, 복지 서비스 대상자가 잘 지내는지 관리하는 일도 한다. 건강 문제로 거동이 불편한 사람은 직접 찾아간다. 한 예로, 코로나 시기 일부 주민센터에서는 공무원들이 건강취약계층 사람들의 집으로 마스크와 손 소독제를 가져다주기도 했다.

˙ 　다른 동네로 거주지를 옮겼을 때 새 거주지의 읍·면·동 주민센터에 이사 온 사실을 알리는 신고.

˙˙ 　생계유지가 어려운 사람에게 최소한의 삶을 보장해주기 위해 국가나 지방자치단체에서 주는 급여.

주민센터에는 슈퍼맨이 산다

많은 사람들이 주민센터에서는 민원서류 발급만 하는 줄 안다. 하지만 생각보다 하는 일이 참 많다. 빗물이 안 넘치게 동네 배수로를 청소하고 도로에 쌓인 눈을 치우는 일도 주민센터의 몫이다. 태풍, 폭우, 폭설 같은 자연재해가 일어나면 주민센터 공무원들은 비상근무에 들어간다. 이건 구청 공무원들도 마찬가지다. 구청과 주민센터는 국민과 가장 가까운 공공기관이기에 자연재해와 맞닥뜨린 국민을 돕기 위해 비상근무를 한다. 비상근무 시 재난과 직접 관련이 없는 부서의 직원들은 대부분 현장에 투입된다. 현장에서 삽이나 빗자루를 들고 몸으로 작업한다. 이때 가장 앞장서서 일하는 사람이 9급 공무원이다.

나라에 선거가 있을 때도 주민센터 공무원들은 바빠진다. 선거인명부를 작성하는 일부터 만만치가 않다. 주민은 선거인명부에 자신이 기록된 것을 확인하고 투표를 한다. 따라서 선거인명부에 오류가 있으면 투표권 행사에 차질이 생긴다. 작은 오류도 허용되지 않는 일이기에 피로도가 굉장히 높다. 선거 벽보 게시, 선거 공보물 발송, 투표소 설치, 선거일 투표 진행, 투표 완료 후 투표함 이송까지 이 모든 과정에 주민센터 공무원들의 손길이 미친다.

재난 업무, 선거 업무 외에도 주민센터의 업무가 더 있다. 지역마다 조금씩 차이는 있지만 마을문고 운영, 알뜰매장 운영, 전시회 등의 문화 행사 기획 및 운영, 평생교육 강좌 개설 및 운영 등이 주민센터의 일이다. 태극기 판매와 오염되거나 훼손된 태극기를 수거하는 일도 한다.

구청에서 만나는 9급 공무원

구청에는 구청만의 업무도, 주민센터와 겹치는 업무도 있다. 구청에도 주민등록등·초본과 가족관계증명서 같은 간단한 서류 발급 업무가 있다. 출생신고, 사망신고 같은 신고 업무도 있다. 이들 업무는 보통 '종합민원실'이라는 공간에 마련된 창구에서 한다. 이곳에서 일하는 직원들 대다수도 일반행정직 9급 공무원이다. 9급 공무원에 임용되면 무조건 주민센터에서 공무원 생활을 시작하는 것은 아니다. 구청이 첫 근무지가 되기도 한다. 또한 주민센터에서 일정 기간 일하다가 구청으로 발령이 나기도 한다. 반대로 구청에서 일하다가 주민센터로 일터를 옮기는 경우도 있다.

구청 종합민원실에서는 해외 출국에 필요한 여권 발급, 집·땅·건물 같은 부동산을 사고팔았을 때 해야 하는 신고 접수 업무도 한다. 또한 대체로 종합민원실과 나란히 자리한 자동차등록민원실에서는 새로 구입한 자동차 등록 업무, 번호판 배부 업무 등을 한다. 이러한 업무는 주민센터에서 하지 않는 구청 고유의 업무이다. 물론 이들 분야에서도 9급 공무원이 활약하고 있다.

구청에는 종합민원실 외에 여러 부서가 맡은 바 임무를 다하고 있다. 예를 들어 교통행정과에서는 마을버스 정류장 및 승차대 관리, 어린이보호구역 관리, 교통민원 처리 등을 하며, 체육진흥과에서는 지역 내 체육시설을 짓고, 생활체육교실도 운영한다. 또한 공원녹지과는 공원 만들기, 화단 만들기, 산림 보호 등을 하는 부서이다. 이와 같이 다양한 부서에서 9급 공무원들은 구슬땀을 흘리며 일하고 있다. 한편 구청이 자리한 지역 특성에 따라 부서의 구성은 다소 차이가 있다. 가령 농업, 축산업, 수산업에 관한 업무를 하는 농축수산과는 도시 중심지에 자리한 구청에는 없을 수 있다. 아울러 부서의 이름도 구청에 따라 다르다.

적성이나 능력에 따라 9급 공무원은 구청의 총무 부서나 기획 관련 부서에서 공무원 생활을 시작하기도 한다. 총무 부서는 선발된 공무원을 업무 자리에 배치하는 일, 월급 주는 일, 전입신고를 한 주민의 주민등록 관리 따위를 맡는다. 기획 관련 부서에서는 주민들에게 행복을 주는 정책을 기획하는 일, 한 해 살림을 계획하는 일 등을 한다.

시청과 도청이 하는 일

시청과 도청은 구청과 주민센터의 상급 기관이다. 상급 기관으로써 시와 도의 주민을 위한 정책을 기획하는 일을 주로 한다. 그 정책을 실천에 옮겨 주민이 혜택을 누리도록 하는 기관이 바로 구청과 주민센터이다. 곧 시청과 도청은 머리, 구청과 주민센터는 손과 발에 빗댈 수 있다.

서울시청이 기획한 '찾아가는 동주민센터'가 있다. 흔히 '찾동'이라 불리는 이 정책은 서울시청에서 2015년부터 추진한 사회복지 정책이다. '찾동'에 따라 주민센터의 사회복지직 공무원은 빈곤 위기가정을 찾아가 돕고, 법률이나 일자리 상담도 해준다. 방문간호사는 출산 가정이나 65세 이상 노인이 사는 가정에 찾아가 건강 서비스를 제공한다. 참고로 방문간호사는 지방공무원인 간호직 공무원으로, 공채로 뽑는다. 간호직은 기술직에 해당하며, 급수는 9급이 아닌 8급부터 시작한다.

시청이나 도청에서는 9급 공무원을 만나는 일이 드물다. 서울시청 일반행정직의 경우 대다수가 7급 공채 시험을 통해 7급부터 공무원 생활을 시작한 사람들이다. 9급 일반행정직은 극소수인데, 그나마 본청인 서울시청이 아닌 산하 기관인 사업소에 대부분 배치된다고 한다. 서울시청에 소속된 사업소로는 도로사업소, 품질시험소, 공원녹지사업소, 체육시설관리사업소 등이 있다.

국가공무원이 일하는 곳

보통 사람들은 국가공무원보다 지방공무원을 더 자주 만난다. 개인 민원이나 주거지의 지역 민원은 지방공무원이 일하는 지방자치단체 기관에서 해결하는 경우가 많기 때문이다. 국가공무원이 일하는 국가 기관은 대체로 국가 정책에 관련된 일을 한다.

대표적인 예로 기획재정부를 들 수 있다. 기획재정부는 코로나 시대에 특히 자주 언급된 국가 기관이다. 코로나로 경제적 피해를 입은 국민에게 국가가 주는 재난지원금 문제로 언론에 심심찮게 오르내렸다. 기획재정부는 국가 예산을 집행하는 기관이기 때문이다. 아울러 국가 채무에 관한 사무, 예산에 따른 재정 정책과 국가 발전 전략을 세우기도 한다.

기획재정부의 핵심 업무인 국가 예산 관련 업무는 주로 재경직 공무원이 담당한다. 재경직 공무원은 7급공무원으로서 7급 공채 시험으로 선발한다. 재경직은 9급 공무원에게는 없는 직렬이다. 그렇다면 9급 공무원은 기획재정부에 들어갈 수 없는 것일까? 그렇지 않다. 국가공무원 9급 공채 일반행정직에 합격한 뒤 기획재정부를 지망하면 된다. 일반행정직의 경우 모든 기관이 문을 열어놓고 희망자를 채용하는 편이다. 물론 지망한다고 다 되는 것은 아니지만, 어쨌든 길은 열려 있다. 다만 9급 공무원이 기획재정부에 채용되었다고 하더라도 재경직 공무원의 업무를 맡을 가능성은 낮다. 9급 공무원은 주로 홍보나 단순 행정 업무를 맡는다.

국가공무원과 민원인

일반인들이 자주 만나는 국가공무원도 있다. 대표적으로 고용노동부의 고용노동직 및 직업상담직 직렬의 공무원을 꼽을 수 있다. 이 공무원은 7급 공채와 9급 공채로 뽑는다. 역시 일선에서는 9급 공무원의 활약이 크다.

고용노동부는 근로자인 국민이 안정적인 환경에서 일할 수 있도록, 직업을 잃은 사람이 재취업을 할 수 있도록 돕는 기관이다. 회사와 근로자가 좋은 관계를 유지할 수 있게 중재하는 역할도 한다. 고용노동부에서 일하는 고용노동직 9급 공무원은 노동 현장에서 근로기준법이 잘 지켜지고 있는지 감독하고 산업재해를 예방하기 위해 노력한다. 직업상담직 9급 공무원은 취업대상자에게 알맞은 직업을 소개하는 일, 취업 및 진학 상담 등을 한다.

고용노동부를 찾는 민원인들 중에는 회사에서 부당한 처

우를 받거나 일자리가 필요한 사람이 많다. 이런 민원인들은 도움의 손길이 절실한 상황이어서 상대하는 공무원은 각별히 신경을 기울일 필요가 있다. 민원인의 마음이 다치지 않도록, 이른바 '감정 노동'을 해야 한다. 감정 노동이 의무는 아니지만, 국민의 불편과 어려움을 해결해주는 공무원에게는 피할 수 없는 부분이다.

기술직 공무원은 누구인가?

기술에 관한 업무를 하는 공무원을 기술직 공무원이라 한다. 대표적인 기술직 공무원 직렬로는 건축직, 토목직, 전기직, 화공직, 기계직을 들 수 있다. 이 중 건축직과 토목직은 '시설직'으로, 전기직, 화공직, 기계직은 '공업직'으로 묶는다. 그래서 9급 공무원 시험 채용 공고에는 '시설직(건축) 9급', '공업직(전기) 9급'과 같은 방식으로 표기한다.

기술직 공무원이라고 해서 모두 현장에 나가 몸소 기술을 사용해 일하는 것은 아니다. 기술직 공무원의 업무는 대체로 허가, 지도, 관리, 감독이다. 가령 구청의 건축과에서는 주택, 상가, 아파트 같은 건물을 새로 지었을 때 건축법에 맞게 지었는지 검사하고 허가해주는 일을 한다. 허가 이후에는 건물을 멋대로 고치지는 않았는지, 안전을 위협하는 요소가 생겼는지 관리하고 감독한다.

실제 사례로 2021년 10월, 서울 구로구청의 녹색도시과에서 벌인 사업을 들 수 있다. 녹색도시과에서는 오래되어 어린이가 놀기에 부적합한 놀이터를 새롭게 만들었다. 이때 놀이터 공사는 구청에서 선정한 공사 업체가 시행했다. 구청의 감독 아래 놀이터 공사는 무사히 마무리되었다. 공사 업체 선정, 공사 감독이 바로 녹색도시과 기술직 공무원이 한 일이다.

기술직 공무원도 국가공무원과 지방공무원으로 나뉜다. 앞서 국가공무원과 지방공무원에 대해 설명했듯이 직렬은 비슷하지만 근무하는 곳은 다르다. 국가공무원은 국가 기관, 지방공무원은 지방자치단체의 기관에서 일한다. 다만 지방자치단체의 기관인 구청이나 주민센터에는 대부분 시설직 공무원이 일한다. 도로, 하천, 건물 등의 관련 업무를 구청과 주민센터가 맡고 있기 때문이다.

기술직 공무원의 세계

기술직 공무원의 직렬도 생각보다 다양하다. 9급 공무원에 있는 직렬과 주요 업무를 간략히 소개하면 다음과 같다.

① 농업직

농지에서 불법 행위를 하는지, 농산물 유통은 적법하게

하는지 단속하는 일을 한다. 재해 대책 세우기, 조류 독감 같은 질병에 대응하기도 농업직 공무원의 업무다.

② 임업직

산림 보호, 산불 예방, 국립공원 관리 등이 주 업무다. 울창한 산림을 만들기 위해 우량종을 공급하는 일도 한다.

③ 환경직

수질오염 관리, 폐기물 관리, 환경오염 예방 같은 활동을 한다. 이런 활동을 위해 정화조를 점검하거나 쓰레기 처리장에 나가 감독을 하는 등 지저분한 일도 마다하지 않는다.

④ 전산직

컴퓨터에 관한 업무를 하는 직렬이다. 행정 업무의 전산화, 소프트웨어 관리, 홈페이지 관리, 전산 교육 등을 한다. 뽑는 인원이 많지는 않은데, 배치되는 부서는 다양하다. 기본적으로 정보통신 부서에서 일하지만, 단적으로 말해 컴퓨터가 있는 부서라면 어디든 갈 수 있다.

⑤ 방송통신직

통신기술직과 전송기술직으로 나뉜다. 지방공무원은 통

신기술직을, 국가공무원은 전송기술직을 뽑는다. 통신기술직은 지방자치단체의 기관에 소속되어 새로 지은 건물에 정보통신 시설이 제대로 설치되었는지 검사하는 업무, 개인정보 보호 업무, 공공 와이파이 설치 업무 등을 한다. 지역 CCTV를 설치하고 관리하는 것도 통신기술직의 업무다. 국가공무원인 전송기술직은 국가 기관인 과학기술정보통신부나 방송통신위원회 등에서 근무한다. 유무선 네트워크 설치 및 방송통신 관련해 허가하는 일, 전송시설을 설계하고 관리하는 일이 주 업무다.

⑥ 보건직

보건소에, 시·군·구청에 소속되어 보건 관련 행정 업무와 보건위생 검열 업무를 담당하는 지방공무원이다. 직접 의료 행위를 하는 공무원이 아니므로 만 18세 이상이면 보건 또는 의료 관련 자격증이 없어도 누구나 응시 가능하다.

⑦ 의료기술직

보건직과 같은 지방공무원으로서 보건소에서 일한다. 보건직과 다른 점은 직접 의료 행위를 하는 공무원이라는 점이다. 따라서 치과치위생사, 임상병리사, 방사선사, 물리치료사, 임상심리사, 작업치료사, 의무기록사 같은 자격증이 있는 사람만 시험에 응시할 수 있다.

⑧ 간호직(8급)과 보건진료직(8급)

'찾아가는 동주민센터' 정책을 설명할 때 소개한 간호직 공무원은 보건소에서도 일한다. 이들은 8급부터 시작한다. 보건진료직 공무원은 간호직 공무원처럼 8급부터 시작하며, 간호사 자격증 또한 필요하다. 이들은 보건직 공무원과 비슷해 보이지만 전혀 다르다. 보건진료직 공무원은 직접 의료 행위를 하는 공무원이다. 농어촌처럼 의료 혜택을 받지 못하는 지역의 보건진료소에서 진료, 응급 처치, 환자 이송 등의 업무를 한다. 보건진료소는 보건소보다 규모가 작은 공공 의료기관이다.

⑨ 운전직

관공서에는 대형버스를 비롯해 청소차, 살수차, 의전차, 단속차 등 여러 종류의 차가 있다. 이런 차량을 운전하고 관리하는 사람이 운전직 공무원이다. 지방공무원이므로 지방자치단체에서 뽑는데, 교육청에도 운전직 공무원의 일자리가 있다. 다만 1종 대형 운전면허를 가지고 있는 사람만 응시할 수 있다. 지역에 따라 대형버스의 실제 운전 경력을 응시자격으로 두기도 한다.

9급 공무원의 직업적 성격

1) 민원은 피할 수 없다

현직 공무원들이 출연해 생생한 경험담을 들려주는 유튜브 방송 〈영구네〉에 3년차 방송통신직 여성 지방공무원이 출연했다. 현재 구청 홍보미디어과 정보통신팀에서 일하는 그녀는 새내기인 9급 시절 민원인 때문에 힘들었다고 고백했다. 당시 CCTV팀에서 첫 공무원 생활을 시작한 그녀를 힘들게 한 사건은 가방을 잃어버린 사람의 민원이었다. 가방 도둑을 찾고 싶다며 CCTV를 보여달라는 요구였는데, 이는 공무원의 권한이 아니어서 들어줄 수 없었다. 타인의 개인정보가 노출될 우려가 있기에 CCTV 열람은 경찰에 요청해야 한다. 그녀는 민원인에게 이 사실을 설명했지만, 민원인은 수긍하지 않았다고 했다.

이와 비슷한 민원을 종종 겪으면서 새내기 여성 9급 공무원은 '기술직인데 왜 민원인을 상대해야 하나?'라는 생각이 들었다고 한다. 자신이 그렸던 공무원 생활과 다른 그림에 맥이 빠졌다. 그러나 공무원이라면 기술직이든 행정직이든 민원은 피할 수 없다. 기관의 모든 전화선을 끊고, 홈페이지를 없애고, 기관의 출입문을 폐쇄하지 않는 한 공무원은 민원과 늘 함께한다. 사람들을 대하는 일이 많은 9급 공무원이라면 더욱 그러하다. 사실 평범한 사람들은 민원이 생겼을 때 어디에, 어떻게 그 민원을 넣어야 하는지 잘 모르는 경우가 많다. 그래서 '가까운' 공무원을 먼저 찾는 경향이 있다. 민원인의 이런 상황을 헤아린다면 민원에 의한 스트레스를 한결 덜어낼 수 있을 것이다.

공무원에게 반말하고, 욕하고, 심지어 폭행까지 하는 악성 민원인이 결코 적지 않다. 하지만 감사를 표하고 예의를 차리는 민원인도 많아 공무원에게 보람과 자긍심을 안겨준다. 24년 동안의 공무원 생활을 추억한 《공무원의 정석》의 저자 임영미도 "민원인이 고맙다고 인사를 하고 갈 때 보람과 자긍심을 느낀다"고 말했다.

2) 일에 익숙해질 때쯤 다른 일이 찾아온다

공무원은 업무가 자주 바뀌는 편이다. 9급 공무원으로 주민센터에서 일하다가 1년 만에 구청으로 일터를 옮기기도 한다. 같은 구청 안에서 몇 달 만에 부서 이동을 하는 일도 있다. 교통행정과에서 일하다가 갑자기 주차관리과로 발령받는 식이다. 주차관리과는 불법 주차 단속, 공영 주차장 만들기 및 관리 등을 하는 부서다.

동료가 휴직하거나 퇴사해서 새 담당자가 올 때까지 동료의 업무를 맡는 경우도 있다. 공무원의 업무는 세분화되어 있다. 예를 들어, 주차관리과 안에서도 불법 주차 단속 담당과 공영주차장 관리 담당이 있다. 즉 공영주차장 관리 담당이 휴직을 하면 불법 주차 단속 담당이 그 업무도 일시적으로 맡을 수 있다. 이런 경우 새롭고 낯선 업무에 부담을 느낄 수 있다. 특히 새내기인 9급 공무원의 경우 더 큰 스트레스를 받는다고 한다.

기관마다 다르지만 대체로 3년에 한 번씩 전보 발령으로 업무 배치를 새롭게 한다. 이런 조치는 공무원이 게을러지는 것을 막고, 청탁이나 뇌물 같은 공무원 비리를 예방하는 효과가 있다. 하지만 새 업무에 익숙해지는 데 시간이 걸려 민원인 응대에 구멍이 생기는 단점도 있다. 민원인의 요구를 새 담당자가 능숙하게 처리하지 못하면 민원인 입장에서는 불만을 품을 수밖에 없다. 여하튼 공무원 세계에서 업무의 잦은 변화는 피할 수 없는 운명이다. 이 운명을 잘 헤쳐나가는 사람이 공무원 사회에서 성공할 가능성이 높다.

3) 바르고 청렴하게

약속을 이행하기 위해 정한 규범을 '헌장'이라고 한다. 공무원에게는 국가와 국민에게 봉사하겠다는 약속을 기록한 '공무원 헌장'이 있다. 9급 공무원 시험에 응시한 수험생은 면접을 볼 때 면접관에게 공무원 헌장에 관한 질문을 받을 수도 있다. 마음에 새기지 않고 달달 외우기만 하면 아무 의미가 없다.

공무원 헌장에는 그 약속을 이행하기 위한, 다음과 같은 실천 사항이 담겨 있다.

하나. 공익을 우선시하며 투명하고 공정하게 맡은 바 책임을 다 한다.
하나. 청렴을 생활화하고 규범과 건전한 상식에 따라 행동한다.

공무원의 업무는 공적인 업무다. 즉 국가와 사회에 관계된 업무이므로, 쉽게 말해 여러 사람과 관계된 업무이므로 어느 한쪽의 이익에 치우쳐서는 안 된다. 업무를 통해 자신의 사적 이익을 얻으려는 것 또한 공무원의 자세가 아니다.

민원인은 공무원이 공정하게 민원을 처리하기를 바란다. 때문에 공무원은 공적인 업무를 맡기는 민원인에게 믿음을 줄 필요가 있다. 공무원의 정직하지 못한 모습, 규범을 어기는 모습, 불건전한 모습은 민원인에게 불신과 불안을 안길 수 있다.

9급 공무원에게 필요한 능력

1) 사명감과 봉사정신

국가와 사회를 위해 일하는 데 사명감이 빠질 수 없다. 누구나 일을 하면서 개인의 이익을 더 많이 누리고 싶은 마음이 든다. 하지만 공무원은 공익을 위해 일하므로 개인의 이익을 얻고 싶은 마음은 참아야 한다. 그것은 의무이기도 하다. 그 의무를 다하는 힘은 사명감에서 나온다.

하지만 아무리 사명감으로 무장하더라도 악성 민원, 반복된 업무는 마음을 지치게 만든다. 그 지친 마음을 달래줄 수 있는 것이 봉사정신이다. 9급 공무원은 상대적으로 다른 급수보다 민원인을 더 많이 상대하기에 악성 민원에 노출될 위험이 크다. 비교적 단순한 업무를 반복하기에 성취감이 떨어질 가능성도 높다. 따라서 봉사정신으로 스스로를 다독일 필요가 있다. 공무원의 봉사가 '민원인에게 행복을 주고 공익을 넓힌다'는 생각으로 업무에 임한다면 보다 힘을 낼 수 있을 것이다. 정성 어린 봉사에 민원인은 감동한다.

2) 의사소통 능력과 공감 능력

《공무원의 정석》의 저자 임영미에 따르면, 민원인이 화를 내는 원인은 대부분 공무원의 태도라고 한다. 가령 민원인이 민원 해결에 필요한 신분증 같은 준비물을 가져오지 않았을 때 공무원은 규정상 민원을 해결해줄 수 없다. 이때 헛걸음했다는 것 자체에 화를 내고, 그 화를 애꿎은 공무원에게 푸는 사람도 있다. 하지만 대부분은 공무원의 표정이나 말투에 감정이 상한다고 한다. 무뚝뚝한 얼굴로 단칼에 민원 처리가 불가하다고 말하는 모습에 화가 나는 것이다. 물론 친절하게 차근차근 설명해도 무조건 처리해달라며 악을 쓰는 사람도 있지만, 공무원이 진심 어린 태도로 대하면 대부분은 수긍한다고 한다.

사회복지직의 경우 특히 의사소통 능력과 공감 능력이 요구된다. 사회복지 서비스는 대상자가 나이, 재산, 건강 등 일정 요건을 충족해야만 제공된다. 요건 충족 여부에 따라 사회복지 서비스 대상자가 안 되기도 하고, 기존 대상자에서 탈락하기도 한다. 이런 경우 대상자가 받는 상처는 크다. 왜 자신이 복지 서비스를 받을 수 없는지 잘 받아들이지 못한다. 이때 사회복지직 공무원이 대상자의 하소연에 귀 기울이고 아픔에 공감하면 소통이 잘 이루어진다.

3) 창의력과 기획력

9급 공무원이 처음부터 기획 부서에서 일하는 경우는 드물다. 기획은 일의 기초이자 뿌리이기 때문에 직급이 높은 사람이 담당한다. 그런데 꼭 기획 부서에서만 기획을 하는 것은 아니다. 대다수 부서에서 업무에 기획력을 요구한다. 가령 주차관리과에서 마을에 공영주차장을 만든다고 해보자. 이때 주차관리과에서는 어떤 곳에 주차장을 만들면 좋은지, 규모는 얼마나 크게 할지, 어떻게 지어야 차량 흐름을 방해하지 않는지 등을 고려한다. 이 모든 것이 기획이다. 그리고 이 기획을 담당 공무원이 한다.

공원녹지과 직원이라면 공원을 조성할 때 이와 같은 기획력이 필요하다. 창의력을 더해 참신하면서도 아늑한 공원을 지을 수 있다. 사회복지직 직원 또한 더 나은 복지 서비스를 만들고, 복지 서비스가 더 효율적으로 제공되는 데 창의력과 기획력을 발휘할 수 있다. 9급 공무원 시절부터 이런 능력을 발휘하면 승진도 더 빨리 된다고 한다. 또한 기획 부서에서 일할 수 있는 기회도 늘어난다고 한다.

9급 공무원이
되기까지

일반직 공무원의 급수

공무원의 최하위 급수는 9급, 최상위 급수는 1급이다. 9급의 직급명은 서기보이다. 8급은 서기, 7급은 주사보, 6급은 주사라고 부른다. 일반직 공무원의 6급은 보통 중간관리자급으로, 지방공무원이라면 구청의 '과'에 속한 팀의 팀장 정도 된다. 이십대에 9급 공무원으로 공무원 생활을 시작했다면 대략 사십대가 되어 있을 것이다. 실무진 중에서는 가장 높은 직급으로 볼 수 있다.

구청의 홈페이지에 가보면 각 부서와 담당 직원이 나와 있다. 여기에서는 '주무관'이란 명칭을 가장 많이 보게 된다. '주무관'은 6급부터 9급까지를 아우르는 대외적 호칭이다. 실제로 공무원들끼리는 팀장 아래로는 이 대외적 호칭을 사용한다. 즉 9급이 8급 선배를 부를 때 '서기님'이 아니라 '주무관님'이라고 부르는 것이 관례이다.

사무관이라 불리는 5급은 구청의 과장급이다. 주민센터의 우두머리인 동장도 5급이다. 4급은 서기관으로, 구청의 국장급이다. 구청은 수장인 구청장 아래 부구청장이 있고, 행정안전국, 교통환경국, 도시건설국 등 여러 개의 '국'으로 조직되어 있다. 국은 여러 개의 과로, 과는 여러 개의 팀으로 이루어진다. 서울 은평구청의 교통환경국을 예로 들면, 교통행정과, 주차관리과, 환경과 같은 과들이 교통환경국에 속한다. 이들 과 가운데 주차관리과는 주차시설팀 외 3개의 팀으로 구성된다.

국가공무원에게는 1급이 없다?

국가공무원에게는 '고위공무원단 제도'가 있다. 1~3급 국가공무원을 통합해 '가'급과 '나'급으로 분류해 정부가 인사 관리를 하는 제도다. '가'급은 1급, '나'급은 2급과 3급에 해당한다. 즉 국가공무원은 1급까지 쭉 승진하는 것이 아니라, 심사를 받아 고위공무원단이 되든지 아니면 3급으로 남는다. 이 제도는 기획재정부, 행정안전부, 질병관리청, 국가정보원, 대통령비서실 같은 국가 기관(중앙행정기관)의 국장급이나 실장급 이상의 자리를 능력 있는 인재로 채우기 위해 정부가 만든 것이다. 중책을 맡을 높은 자리를 기계적인 서열에 따라 1급에게 주기보다는 전문성이 있다면 3급에게 주는 것이 더 효율적일 수 있다. 이 효율을 목적으로 만든 제도가 바로 고위공무원단 제도다.

인사혁신처는 3급 공무원부터 심사를 해서 고위공무원단에 넣는다. 고위공무원단에 들어가지 못한 3급은 중앙행정기관의 과장을 맡는다. 과장은 국장보다 한 단계 낮은 직책이다. 고위공무원단에 외부 인재를 영입하기도 한다. 2021년 6월 대통령비서실 청년비서관으로 이십대 여성을 발탁한 사건이 좋은 예다. 역시 '효율'을 위한 인사였는데, 당시 새파란 청년에게 '1급 공무원' 지위를 주었다는 비판도 나왔다. 엄밀히 말하면 이건 틀린 말이다. 국가공무원법상 국가공무원은 1급이 없다. '가'급과 '나'급의 '고위공무원'만 있다.

한편 고위공무원단 제도는 국가공무원만의 제도이므로 지방공무원 3급은 고위공무원단이 될 수 없다. 지방공무원은 3급, 2급, 1급까지 승진한 뒤 공무원 사회를 떠난다. 하지만 일반직 지방공무원이 9급부터 시작해 1급까지 오르기는 기적에 가깝다. 대개 6급이나 5급에서 정년퇴직한다. 잘되면 4급인데, 이 경우 평균 35년이 걸린다고 한다.

3급의 직급명은 부이사관, 2급의 직급명은 이사관이다.

이들은 구청의 부구청장급, 시청의 국장급이다. 관리관이라 불리는 1급은 구청에서는 보기 힘들며 시청에서 실장, 본부장, 부시장 등을 맡는다. 직급에 따른 직책은 지역마다 기관 규모에 따라 다를 수 있다. 또한 시장이나 구청장은 투표로 뽑는 선출직 공무원이자 특수경력직 공무원이기에 급수를 매기지 않지만, 1급에 가까운 대우를 받는다. 예외적으로 서울 시장은 장관급에 속한다.

9급 국가공무원이 되는 길

9급 국가공무원이 되고 싶다면 '국가공무원 9급 공개경쟁채용시험'을 치러야 한다. 국가공무원은 5급, 7급, 9급을 공채로 선발한다. 학력 제한은 없지만, 5급과 7급은 만 20세 이상이 볼 수 있다. 9급은 만 18세 이상이면 가능하다. 급수가 높을수록 시험이 어렵다고 생각하면 된다. 그러나 경쟁률은 9급이 제일 높다. 2021년 국가공무원 9급 공채의 평균 경쟁률은 35:1이다. 언제나 가장 많은 인원이 지원하는 일반행정직만 놓고 보면 416명 모집에 4만 1,754명이 모여들어 100.4:1의 경쟁률을 기록했다. 기술직의 경쟁률도 크게 다를 바 없다. 일반행정직보다 지원자는 적지만 선발 인원 역시 적기 때문에 바늘구멍이기는 매한가지다.

9급 공무원 시험 준비 기간이 보통 1~2년 걸린다고 한다. 공부와 힘겨운 싸움을 벌인다고 볼 수 있다. 하지만 우등생이나 명문대생만 합격하는 것은 아니므로 움츠러들 필요는 없다. 〈영구네〉에 출연한 어느 9급 공무원은 학창시절 공부를 못했다고 고백했다. 그래서 '죽어라' 공무원 시험공부를 했다며 웃었다. 우스갯소리로 한 말이지만 '열심히'만 한다면 공무원 시험에 합격할 수 있다는 뜻이 담긴 말이다. 학교 성적이 나쁘다고 미리 포기할 필요는 없다.

일단 교과 과정부터 '열심히' 할 필요가 있다. 국가공무원 9급 공채 필기시험에 국어, 영어, 한국사가 필수이기 때문이다. 일반행정직뿐만 아니라 모든 직렬에 필수이다. 또한 국어, 영어, 한국사 외에 2개의 전문과목(직렬 관련 과목)이 더 들어가는데, 일반행정직에는 행정법총론, 행정학개론이 더해진다.

9급의 몇 가지 직렬의 필기시험 과목과 예정 근무처를 소개한다. 표에서 공업직(전기)부터 그 아래 직렬은 기술직이다. 기술직 공무원도 국어, 영어, 한국사 세 과목은 필수다. 단, 기술직의 경우 자격증을 응시 자격으로 내걸기도 하므로 채용 공고에 나오는 필수 자격증을 잘 살피는 것이 좋다.

9급 공무원 필기시험 과목과 예정 근무처

직렬	필기시험 과목	예정 근무처
일반행정직 *경찰행정공무원, 우정직 공무원 포함	국어, 영어, 한국사, 행정법총론, 행정학개론	전 부처 *경찰행정공무원은 경찰청, 우정직 공무원은 우정사업본부
고용노동직	국어, 영어, 한국사, 노동법개론, 행정법총론	고용노동부
교육행정직	국어, 영어, 한국사, 교육학개론, 행정법총론	교육부
세무직	국어, 영어, 한국사, 세법개론, 회계학	국세청
교정직	국어, 영어, 한국사, 교정학개론, 형사소송법개론	법무부
출입국관리직 (출입국관리)	국어, 영어, 한국사, 국제법개론, 행정법총론	법무부
공업직(전기)	국어, 영어, 한국사, 전기이론, 전기기기	중소벤처기업부, 조달 청, 그 밖의 수요 부처
임업직	국어, 영어, 한국사, 조림, 임업경영	산림청, 그 밖의 수요 부처
시설직(건축)	국어, 영어, 한국사, 건축계획, 건축구조	국토교통부, 해양수산 부, 그 밖의 수요 부처
전산직 (전산개발)	국어, 영어, 한국사, 컴퓨터일반, 정보보호론	전 부처

*2022년 기준

전문과목 2과목은 혼자 공부하기에는 조금 버겁다. 대다수 시험 준비생들이 공무원 시험 전문 학원에 다니거나 인터넷 강의를 들으며 전문과목을 공부한다. 물론 서점에 즐비한 관련 서적으로 혼자 공부하는 사람도 있다. 학창시절에는 우선 국어, 영어, 한국사를 부지런히 공부하는 것만으로 충분하다. 그러면서 자신의 적성과 재능에 맞는 직렬을 고민해보는 것이 좋다.

한편 국가공무원 공개경쟁채용시험 공고는 사이버국가고시센터에 나온다. 보통 5급, 7급, 9급을 한데 묶어 공고를 내며, 공고문에 각 급수에 따른 시험 일정, 과목, 응시자격을 상세히 소개한다. 단, 선발하는 직렬이나 선발 인원은 정부의 인력 운영 사정에 따라 해마다 달라질 수 있다.

9급 지방공무원이 되는 길

지방공무원은 주로 7, 8, 9급을 공채로 뽑는다. 8급은 대체로 간호직, 보건진료직에 국한된다. 처음부터 5급 지방공무원으로서 공무원 생활을 시작하고 싶다면 국가공무원 공채 공고를 잘 살펴보자. 공고에 나오는 '지역별 구분 모집' 분야에 응시하면 된다. 이는 국가공무원 시험을 치러 지방공무원이 되는 방법이다. 가령 지역별 구분 모집으로 전남 지역 일꾼을 3명 뽑는다면, 전남에 사는 사람은 그 분야에 응시할 수 있다. 물론 합격하면 전남 지역에서 일한다.

9급도 국가공무원 시험에 '지역별 구분 모집' 분야가 있다. 그런데 5급과 달리 합격하면 지방공무원이 아닌 국가공무원 신분을 얻는다. 다만 본인이 사는 지방의 중앙행정기관에서 일하게 된다. 지방공무원 시험에 합격해 지방자치단체의 기관에서 일하는 것과 다른 경우다.

지방자치단체마다 조금씩 다르지만, 지방공무원 시험 공고는 보통 '지방공무원 임용 시험'이란 이름으로 난다. 각 지방마다 인재가 필요한 영역이 다를 수 있기에 채용 직렬 및 인원은 저마다 차이가 난다. 시험은 모든 지방이 한날한시에 본다. 서울시 지방공무원 시험만 날짜가 다르다. 서울시 지방공무원 시험은 거주지 제한이 없으므로 살고 있는 지역의 시험과 서울시 시험 두 가지를 함께 노려보는 것도 전략이다. 또한 국가공무원 공채와 지방공무원 공채도 시험 날짜가 다르므로 같은 직렬이라면 역시 두 시험에 모두 도전할 수 있다. 국가공무원과 지방공무원의 필기시험 과목은 같다. 국어, 영어, 한국사 그리고 전문과목 두 가지다.

참고로 교육청에서 선발하는 교육행정직 지방공무원 시험도 지방자치단체의 지방공무원 시험과 같은 일정으로 치른다. 따라서 두 가지 시험을 모두 응시하는 건 불가능하다.

저소득층과 장애인에게 주어지는 기회

우리나라는 가난한 국민이 힘을 내서 살아갈 수 있도록 국민기초생활 보장 급여를 지급한다. 보장 급여에는 생계·주거·교육·의료 급여 등 네 가지가 있다. 이 급여 중 한 가지라도 받는 수급자를 9급 공무원 시험에서는 '저소득층 구분 모집'으로 분류해 별도 선발한다. 한부모가족으로 정부 지원을 받는 사람도 저소득층 구분 모집에 응시할 수 있다. 이 제도는 국가공무원 공채, 지방공무원 공채 모두 마련되어 있다.

9급 공무원 시험에는 장애인을 위한 '장애인 구분 모집' 제도도 있다. 역시 국가공무원, 지방공무원 차이가 없다. 이런 제도들을 만든 것은 공익과 상생을 위해서다. 저소득층도, 장애인도 아닌 사람의 입장에서는 역차별이란 느낌도 받을 수 있지만, 해당 제도들로 뽑는 인원이 적기 때문에 크게 억울해할 필요는 없다. 단, 저소득층이나 장애인은 구분 모집 제도를 활용하지 않고 일반 사람과 똑같이 응시할 수 있다. 이 경우 구분 모집에 중복 지원하는 것은 불가하다.

왜 공무원이 되고 싶은가?

《나는 9급 공무원입니다》의 저자 이지영은 9급 지방공무원으로 공무원 생활을 시작한 인물이다. 스물한 살에 공무원이 되기로 마음먹고 스물세 살에 합격해서 '부산시 9급 일반행정직 최연소 합격'이라는 기록을 세웠다. 그녀 역시 학창시절 공부를 잘하는 학생은 아니었다고 한다.

이지영은 저서에서 면접 때의 추억을 회고했다. 한 면접관이 이런 질문을 던졌다고 한다.

"왜 공무원이 되고 싶은가요?"

청소년 시절에는 꿈이 자주 바뀔 수 있다. 꿈을 정했더라도 그 이유는 막연할 수도 있다. 저자 이지영도 크게 다르지 않았다. 실제로 면접관에게 어떤 대답을 했는지는 기록하지 않았지만, 그녀는 책 속에 자신의 속마음을 털어놓았다. 그녀는 특별한 꿈이 없고 생계가 불안한 상태에서 안정적인 직장이 필요했기에 공무원의 길을 선택했다고 했다.

왜 공무원이 되고 싶냐는 질문에 모범답안은 없다. 다만 자신만의 답을 갖고 있다면, 어떤 답이든 공무원 시험을 준비하는 데 조금이나마 도움이 될 것이다. 최연소 합격자인 이지영도 '안정적인 직장'을 잡겠다는 생각으로 스스로를 다독이고 채찍질했을지도 모른다. 그녀는 국가공무원 7·9급 시험, 지방공무원 7·9급 시험, 서울시 지방공무원 시험,

군무원 시험에서 모두 떨어진 경험이 있다. 그 실패를 딛고 서 부산시 지방공무원 시험에 합격했다. 그녀는 안정적인 직장을 위해 필사적으로 시험공부에 매달렸다고 했다.

9급 공무원으로
살아간다는 것

9급 공무원의 좋은 점

많은 사람들이 공무원의 고용 안정성을 이유로 공무원의 길을 선택한다. 공무원은 공금 횡령, 무단결근, 정치 운동 같은 행위를 하거나 중대 범죄만 저지르지 않는다면 회사원에 비해 상대적으로 안정적인 직업인의 삶을 살 수 있다. 어떤 직업이든 자리가 불안하면 업무에 집중하기 힘들다. 해고의 부담을 안은 채 능력을 발휘하기란 쉽지 않다. 물론 고용이 보장되면 나태해지고 안일해질 위험도 있지만, 마음의 여유가 있어야 일이 잘되는 것은 인지상정이다. 새내기인 9급 공무원에게 고용 안정성이 주는 마음의 여유는 큰 도움이 된다. 업무 집중도를 높이는 힘 외에 자기계발을 할 수 있는 여력도 생긴다.

회사에 비해 비교적 눈치 안 보고 휴가를 쓸 수 있는 것도 공무원의 은근한 장점이다. 회사원에게, 특히나 신입사원에게 쉬고 싶을 때 쉬는 일은 적잖이 부담 가는 일이다. 회사는 이익을 추구하는 곳인데, 업무 공백으로 이익 활동에 차질이 생길 수 있기 때문이다. 그러나 공무원이라는 조직은 이익 활동을 하는 곳이 아니기에 회사에 비하면 휴가를 내는 것에 부담이 적다. 말단인 9급 공무원도 마찬가지다. 쉼은 재충전을 위한 보약이다. 재충전을 위한 쉼이 자유롭지 못하면 도리어 방전만 될 수 있다. 공무원도 결국월급 받고 일하는 직장인이다. 재충전의 시간이 부족하면 피로가 쌓이고, 쌓인 피로가 커지면 직장생활에서 즐거움을 얻기 어렵다.

9급 공무원의 힘든 점

악성 민원, 업무의 반복, 바른 생활 의무 등은 공무원을 힘들게 만드는 요인이다. 이들 요인은 특히 9급 공무원을 더 힘들게 한다. 급수가 높은 공무원은 악성 민원을 대수롭지 않게 넘기지만, 9급 공무원은 혼자 끙끙 앓다가 운다고 한다. 반복되는 업무에 지칠 때는 고생하며 공부한 시간에 대해 본전 생각이 난다고 한다. 바른 생활 의무는 스스로 자유를 억압하는 족쇄가 된다고 한다. 물론 9급 공무원이 다 그렇지는 않지만, 모든 것에 서툴고 익숙지 않은 9급 공무원에게는 '힘든 점'에 능숙하게 대처하는 것 역시 힘들다.

또 한 가지 9급 공무원의 어깨를 짓누르는 요인이 있다. 바로 '근무 시간'이다. 9급 공무원을 꿈꾸는 사람들 가운데 많은 수가 '저녁이 있는 삶'을 살고 싶어서라고 한다. 저녁 6시에 '칼퇴근'한 뒤에는 '나만의 삶'을 살고 싶어 공무원이 되겠다는 것이다. '저녁이 있는 삶'이란 희망을 품고 9급 공무원이 된 사람들 가운데 많은 수가 실망한다고 한다. 실제로 구청이나 주민센터의 데스크에서 주민등록 등초본 따위를 발급하는 사람 외에는 칼퇴근은 어림없다는 것이 현직 공무원들의 목소리다. 그래서 급수 높은 공무원들 중 육아, 간병 등의 이유로 칼퇴근이 절실한 사람은 9급이 있어야 할 데스크에 자원하는 일도 있다고 한다.

9급 공무원을 포함한 공무원들이 제때 퇴근을 못하는 이유는 단순하다. 업무가 많기 때문이다. 중앙정부에서 내려온 정책을 수행하고, 인터넷에 올라온 민원을 처리하고, 현장 점검을 위해 출장도 다녀오면 6시 칼퇴근은 물 건너간다. 산불, 홍수 같은 재난이 닥치면 비상근무를 서야 하고, 지역 축제를 열면 주말에도 일해야 한다. 따라서 막연하게 공무원은 개인 시간이 많을 거라 생각하면 곤란하다. 요즘

엔 유튜브나 블로그에 현직 공무원들이 공무원의 현실에 대해 소개하는 경우가 많으니 참고하면 도움이 될 것이다.

9급 공무원이 넘기 힘든 진급의 벽

3장 '군인공무원' 편에서 근속 승진 제도에 대해 언급한 바 있다. 일반직 공무원에게도 근속 승진 제도가 있다. 9급부터 6급까지 적용한다. 6급부터 그 위로 올라가려면 승진 시험을 치르거나 승진 심사를 통과해야 한다. 하지만 높은 급수일수록 그 자리는 적어서 많은 사람이 6급에 머문 채 공무원 생활을 마무리한다. 참고로 승진을 통해 5급이 되는 것과 5급 공채를 통해 처음부터 5급으로 공무원 생활을 시작하는 것과는 그 경우가 다르다.

근속 승진 제도에 따라 9급 공무원으로 임용된 후 5년 6개월을 근속하면 8급 진급 자격을 얻는다. 8급에서 7년을 일하면 7급으로, 7급에서 11년을 일하면 6급으로 진급한다. 다만 7급에서 6급으로 진급할 때는 대상자의 40퍼센트만 6급을 달 수 있다. 급수가 올라갈수록 '관리자'의 역할을 맡게 되는데, 어떤 조직이든 관리자의 수는 실무자의 수보다 적은 법이다.

25세에 9급 공무원이 되었다고 가정하자. 근속 승진으로 6급을 다는 데 약 24년이 걸린다. 거의 50세에 6급 공무원이 되는 셈이다. 그리고 10년 후에는 공무원 옷을 벗는다. 공무원의 정년은 60세다. 50세에 이르러 6급 공무원이 된 사람은 현실적으로 5급까지만 바라볼 수 있다. 6급으로 3년 6개월 이상을 일해야 5급 승진 자격을 얻고, 5급으로는 4년 이상을 채워야 하기 때문이다. 그때는 이미 정년인 60세에 가까워지고 만다.

일반 승진 제도라는 것도 있다. 이는 성과를 우선하는 승진 제도라 볼 수 있다. 해당 제도에는 '승진소요최저연수'라는 규정이 있다. 즉 한 급수에서 최저 기간만 채우면 승진의 기회를 주는 규정이다. 가령 9급의 경우 근속 승진 제도에 따라 5년 6개월을 채우지 않았더라도 최저 기간인 1년 6개월이 지나면 승진 기회를 얻는다. 승진심사위원회는 1년 6개월을 채운 9급들을 심사해 8급으로 승진시킨다. 7급과 8급은 2년을 채우면 역시 일반 승진 제도에 의해 한 단계 더 높이 진급할 수 있다. 6급과 5급의 최저 기간은 위에서 말했듯 각각 3년 6개월과 4년이다.

일반 승진 제도에 따라 승진한 사람은 근속 승진 제도로만 승진한 사람보다 일찍 높은 자리에 오를 수 있다. 하지만 역시 5급이나 4급이 되기는 만만치 않다. 대한민국 공무원 사회에서 아직은 고속 승진을 찾아보기 어렵다. 우리 공무원 조직의 특성이다.

고위공무원을 꿈꾸는 사람이라면 현실적으로 처음부터 5급 공채에 도전하는 것이 나을 수 있다. 맨 아래에서 맨 위로 올라가는 게 힘들다는 사실을 뻔히 아는 상태에서 일의 활력을 얻기는 어렵다. 물론 공무원 생활 자체에 만족하는 사람이라면 별 문제될 것은 없다. 아무튼 자기 꿈의 크기를 스스로 가늠해보는 것은 필요한 작업이다.

9급 공무원의
미래

연금을 바라보는 공무원의 자세

공무원의 정년은 60세이며, 공무원 연금은 65세부터 받는다. 다만 공무원으로 10년 이상 일해야 연금을 받을 수 있는 자격을 얻는다. 이 연금 제도는 2010년 1월 1일 이후 공무원에 임용된 사람부터 적용된다. 이전에는 정년퇴직하면 바로 받을 수 있었다. 대신 과거에는 20년 이상 일해야 연금 수령 대상자가 될 수 있었다.

공무원 입장에서 연금을 받는 데 필요한 근무 기간이 절반으로 준 것은 반가운 일이다. 하지만 65세부터 받게 된 것은 단점일 수도 있다. 60세에 퇴직한 뒤 자칫 5년 동안 경제적으로 어려움을 겪을 수도 있기 때문이다. 공무원들 사이에서는 더 이상 연금이 안전한 노후 보장 수단이 아니라는 목소리가 나온다. 고령화 시대가 되면서 노후가 걱정되는 것은 모든 직업인들의 공통된 고민이다.

간혹 국민의 세금으로 연금까지 받으면서 일을 하나도 안 한다고 비난하는 사람들이 있다. 그런데 공무원 연금은 국민의 세금으로만 주는 돈이 아니다. 공무원 월급에서 떼는 '기여금'과 정부 보조금(국민의 세금이라 할 수 있는)인 '연금부담금'을 합친 돈이다. 연금 자격을 얻는 근무 기간이 10년으로 줄면서 다달이 월급에서 떼는 기여금은 더 커졌다. 그런데 기여금이 더 커졌다고 해서 연금 액수가 늘어난 것은 아니다. 이런 일련의 상황을 잘 모르는 상태에서 공무원 이름표를 단 9급 공무원들은 적잖이 당황한다고 한다. 든든한 노후를 위해 공무원에 지원했는데 알고 보니 다른 현실에 의욕을 잃는다고 한다.

물론 연금 제도가 바뀌었다고 해서 공무원의 미래가 불안해졌다고 단정할 수는 없다. 연금은 어쨌든 공무원 이후의 삶에 큰 도움이 된다. 다만 공무원도 노후 설계를 고민할 시기가 온 것만큼은 확실해 보인다. 이것은 위기이지만, 제2의 인생을 위한 새로운 기회가 될 수도 있다.

사회의 변화와 직렬의 변화를 직시하라

공무원 시험은 해마다 있다. 그런데 해마다 선발 인원은 차이가 생긴다. 많이 뽑을 때도 있고 적게 뽑을 때도 있다. 공무원 선발 인원은 결원의 정도, 정책의 실현을 위한 인력의 필요 여부, 국민의 삶의 질 개선 등 여러 요인을 고려해 결정한다.

한국고용정보원의 '한국직업전망'에 따르면, 앞으로는 일반행정직보다는 재난이나 보건복지와 관련 있는 직렬에서 채용이 늘어날 것이라고 한다. 10년 정도는 지금과 별 차이가 없겠지만, 그 이후부터는 조금씩 변화가 일어날 것이라고 전망한다. 이 전망은 자연재해와 코로나와 같은 질병 재난이 갈수록 잦아지는 것, 삶의 질을 가치 있게 여기는 문화가 자리 잡으며 복지에 대한 열망이 커진 것에서 비롯되었다.

또한 취업준비생의 공무원에 대한 선호도는 차츰 줄어들 것이라는 전망도 내놓았다. 사기업에서도 휴가, 육아휴직 등을 자유롭게 쓸 수 있는 분위기가 만들어지고 있고, 사회 전반적으로 직장인의 복지가 향상되고 있다는 것이 그 근거다. 복지가 공무원을 선택하는 주요 이유 중 하나였는데, 일반 회사에서도 질 좋은 복지를 누릴 수 있다면 굳이 공무원의 길을 가지 않을 것이라는 판단이다.

공무원의 꿈을 품고 있다면 이와 같은 전망들을 참고하는 것이 좋다. 또한 사회 문화의 흐름을 파악하기 위해 시사 공부를 부지런히 하는 것도 도움이 된다.

4차 산업혁명과 공무원 사회

문자나 음성으로 사람과 대화할 수 있는 컴퓨터 프로그램이나 인공지능을 챗봇(chatbot)이라고 한다. 서울 강남구청에서는 챗봇 서비스인 '강남봇'을 운영하고 있다. 강남구민이라면 강남봇과 문자나 음성으로 대화하면서 각종 민원 접수, 복지 급여 신청, 불법 주정차 신고 등을 할 수 있다.

경기도 김포시에서는 '다솜이'라는 인공지능 로봇이 사회복지직 공무원의 일을 하고 있다. 65세 이상 독거노인에게 제공되는 '노인돌봄 기본서비스'●를 맡고 있다. 다솜이는 자신의 인공지능을 활용해 독거노인들에게 식사 시간, 약 먹을 시간 등을 알려준다. 안부도 확인하고 말벗도 되어준다.

이와 같은 인공지능의 활약은 갈수록 커질 전망이다. 이는 4차 산업혁명 시대에 피해갈 수 없는 변화이다. 변화를 인지한 정부도 2017년 '인사비전 2045'라는 보고서를 내놓았다. 보고서에는 2045년까지 단순 민원 업무를 보는 공무

●　혼자 사는 65세 이상 노인의 안전과 사는 모습을 정기적으로 점검하는 서비스.

원의 75퍼센트를 로봇이나 인공지능 서비스로 바꿀 계획이라는 내용이 수록되어 있다. 더불어 로봇과 인공지능을 다룰 줄 아는 기술 인재가 공무원 사회에서도 경쟁력이 있을 것이라는 전망도 담겨 있다. 4차 산업혁명 시대를 대비해 새로운 공무원 인력 계획을 세워야 한다는 대책도 제시하고 있다.

인간 공무원을 실제로 75퍼센트까지 로봇이나 인공지능 서비스로 대체할지, 또한 그것이 가능할지는 미지수다. 여하튼 로봇과 인공지능이 공무원 사회에서 점점 영역을 넓혀가고 있는 것은 현실이다. 그 영역이 커지면 9급 공무원 일반행정직 선발 인원부터 줄어들지도 모른다. 하지만 걱정할 필요는 없다. 로봇이나 인공지능과 함께할 새로운 직렬이 늘어날 것이기 때문이다. 당장 전산직 공무원 직렬에서 '데이터직'이 생겨났다. 미래 공무원을 꿈꾼다면 관련 뉴스나 책을 꾸준히 접하며 변화의 흐름을 놓치지 말자.

대한민국 공무원상, 누가 받았을까?

인사혁신처에서는 우수한 성과를 내고, 행정 및 국민 편익 개선에 이바지한 공무원에게 '대한민국 공무원상'을 준다. 이 상은 공무원의 사기와 직업의 만족도를 높이는 데 효과가 있다. 해마다 각 기관에서 일하는 100명 내외의 공무원이 기관장의 추천과 인사혁신처의 심사를 받아 수상자가 된다. 수상자는 승진, 성과금, 교육 및 훈련 시 우선 선발 등의 혜택을 받는다.

어떤 공무원이 대한민국 공무원상의 영광을 누리는지 몇 가지 사례를 살펴보자.

사례 1> 에듀파인을 사립유치원에 도입했어요!

공립유치원은 에듀파인이란 회계 시스템을 사용한다. 에듀파인은 국가에서 관리하는 회계 시스템으로, 이를 사용하면 회계가 투명해진다. 가령 싼 음식재료를 사고 비싸게 산 것처럼 꾸밀 수가 없기 때문이다.

교육부의 한 공무원이 이 에듀파인을 사립유치원에 도입했다. 그동안 일부 사립유치원이 돈을 엉뚱한 데 쓰고 회계를 엉망으로 해서 문제가 되었는데, 그 문제가 에듀파인으로 인해 해결될 것으로 전망된다.

사례 2> 청년들이 취업 체험을 할 수 있는 곳을 만들었어요!

칠곡군청 일자리 담당 공무원에게 고민이 하나 있었다. 인재들이 취업을 위해 주변의 큰 도시인 대구와 구미로 빠져나가 칠곡군의 경제가 흔들릴 것 같았다. 이에 그 공무원은 직접 칠곡군의 사회적 기업을 발굴해서 양성하는 일에 힘썼다. 또한 칠곡군의 산업단지에 있는 기업들에 젊은 청년들이 취업 체험을 할 수 있는 장을 마련해서 즉시 채용이 가능한 체제를 만들었다. 노인과 같은 취약계층을 위한 공공근로사업, 경력단절여성을 위한 취업 활동 지원도 적극적으로 펼쳤다.

사례 3> 닭이 알을 낳은 날짜를 적는 제도를 만들었어요!

달걀 껍데기에 산란일자, 즉 닭이 알을 낳은 날짜를 적는 제도인 '산란일자 표시제'는 한 공무원의 진심 어린 노력에서 태어났다. 과거 달걀의 유통기한은 달걀을 포장하는 날짜를 기준으로 정해졌다. 때문에 생산업자가 나쁜 마음을 먹는다면 소비자는 신선도가 떨어진 달걀을 먹을 위험이 있었다. 이에 담당 공무원은 그 위험을 없애기 위해 산란일자 표시제 도입을 기획했다.

그런데 소비자는 이 제도를 반겼지만 생산업자는 달걀 재고가 늘어난다는 이유로 반대했다. 달걀 생산이 많을 경우 생산업자는 달걀을 보관해 두었다가 팔아야 하는데, 산란일자를 표시하면 오래된 달걀은 팔기 어렵다는 것이 반대 이유였다. 그 마음을 헤아린 공무원은 생산업자들과 수십 번 만남을 가졌다. 산란일자 표시제가 소비자의 신뢰를 얻어 결국 달걀 판매에 도움이 될 것이라고 설득했다. 그의 진심 어린 노력과 설득에 결국 생산업자들도 마음을 열었다.

사례 4> 폐비닐을 석탄의 대체 연료로 사용하는 아이디어를 냈어요!

발상의 전환으로 환경을 살린 제천시의 도시미화과 공무원이 있다. 그는 쓰고 버려지는 폐비닐을 시멘트 공장 가동에 필요한 석탄의 대체 연료로 사용하는 아이디어를 냈다. 덕분에 이산화탄소 발생을 크게 줄일 수 있었다.

또한 제천시는 폐기물처리 시설이 낡아서 상당량을 매립에 의존하고 있을 때도 반짝이는 아이디어로 문제를 해결했다. 당시 제천시에서는 연탄재가 매립장 폐기물의 30퍼센트 이상을 차지하고 있었다. 각종 폐기물의 매립장 의존도가 높은 상황이라 연탄재는 큰 골칫거리였다. 고민하던 공무원은 화력발전소에서 쓰고 남은 석탄재가 시멘트 부원료가 된다는 사실에 집중했다. 유연탄인 석탄재가 시멘트의 부원료로 쓰인다면 무연탄인 연탄재도 가능하지 않을까 생각했다. 그의 생각은 실현 가능했다. 그는 시멘트 회사와 힘을 모은 끝에 해마다 약 3만 톤의 연탄재를 시멘트의 부원료로 쓰는 성과를 이루었다. 덕분에 제천시는 연간 38억원의 예산을 절약할 수 있었다.

부록
특별한 일을 하는
이색 공무원 5

특별한 일을 하는
이색 공무원 5

1) 검찰직 공무원

국가공무원인 검찰직 공무원은 이른바 '검찰수사관'이다. 일반 국가공무원과 함께 5급, 7급, 9급을 공채로 선발한다. 9급의 시험 과목은 국어, 영어, 한국사, 형법, 형사소송법이다. 9급으로 임용되면 검찰수사관이란 직명을 받는다. 9급의 계급명은 '검찰서기보'이다.

검찰수사관은 검찰청에 소속되어 검사와 함께 일한다. 현재 검찰청 인력은 대략 1만 명인데, 그중 6,000명가량이 검찰수사관이다. 검찰수사관의 업무는 크게 수사와 행정 두 가지로 나뉜다. 검사의 수사를 도와 범죄정보를 수집하는 일, 증거 수집, 압수 수색 등이 수사 업무에 해당한다. 사건 접수, 영장 관리, 각종 기록 관리 등은 행정 업무에 속한다. 9급의 경우 보통 행정 업무부터 시작하는데, 인사와 예산 같은 검찰청 안의 총무 업무를 맡기도 한다. 또한 검찰청에 찾아온 민원인들의 민원 업무도 담당한다.

검찰을 소재로 한 영화나 드라마에서는 종종 검찰수사관이 활약하는 모습이 나온다. 영화나 드라마에 나오는 검찰수사관은 현실에서 대부분 7급이다. 종종 검사가 검찰수사관을 마치 조수처럼 대하는 모습이 나오기도 하는데, 현실에서는 절대 있을 수 없는 일이라고 한다. 검사와 검찰수사관은 수사를 함께 해나가는 협력적 관계로, 서로 존중하고 존대한다고 한다.

2) 마약수사직 공무원

역시 검찰청에 소속된 국가공무원이다. 보통 7급과 9급을 공채로 뽑으며, 9급의 시험 과목은 국어, 영어, 한국사, 형법, 형사소송법이다. '마약수사직'이란 직렬 이름처럼 9급도 임용되면 곧바로 수사에 투입된다. 물론 중심 업무는 마약과 관련된 수사다.

우리나라에는 마약사범을 잡을 수 있는 권한을 가진 공무원들이 몇 있다. 대표적인 공무원은 경찰 마약수사대이다. 또한 관세청 마약조사과, 검찰 마약수사관을 들 수 있다. 먼저 관세청의 마약조사과는 주로 공항이나 항만에서 마약을 몰래 들여오는 행위를 단속한다. 경찰 마약수사대는 마약사범을 직접 체포하는 일이 핵심이다. 또한 마약 범죄 수사에 가장 큰 역할을 하고 있다. 검찰 마약수사관은 체포보다는 밀수 조직과 국제 마약범죄조직의 정보를 캐고, 그들의 본거지를 찾아 뿌리 뽑는 일에 더 중점을 둔다. 말 그대로 '체포'보다는 '수사'가 중심이다.

물론 검찰 마약수사관도 직접 마약사범 체포에 나선다. 체포를 위해 범죄 현장에 출동도 하고, 잠복근무도 한다. 때문에 피로도와 위험도가 모두 높다. 또한 마약 범죄는 국제 범죄가 많아서 몇 달씩 해외 파견 근무를 나가기도 한다. 국제적인 공조가 필요할 때도 있어 영어를 잘하면 마약수사관으로서 더 인정받을 수 있다.

3) 철도경찰직 공무원

경찰공무원을 일반사법경찰관리라고 부르는 반면, 특별한 영역에서 경찰공무원의 권한을 행사할 수 있는 사람을 특별사법경찰관리라고 한다. 특별한 영역이란 교정 시설(교도소, 구치소, 소년원 등), 국가정보원, 군대, 산림, 출입국관리 등이다. 이런 곳에 몸담은 사람들 중 일부가 특별사법경찰관리의 자격이 있다. 군대의 군사경찰, 산림청 소속의 산림보호공무원이 단적인 예다.

국가가 특별사법경찰관리 제도를 운영하는 목적은 범죄의 효율적인 단속이다. 가령 한국의 범죄자가 공항을 통해 몰래 외국으로 빠져나가려다 들켰을 때 사법 권한이 있는 출입국관리직 공무원이 그 자리에서 체포하는 것이 지역 지구대 경찰을 기다리는 것보다 더 효율적이다. 한편 특별사법경찰관리는 자신의 특별한 영역 안에서만 사법적 권한을 갖는다. 이제 소개할 철도경찰직 공무원의 경우 철도 안에서만 사법적 권한을 행사할 수 있다.

철도경찰직 공무원도 특별사법경찰관리에 속한다. 이들의 활동 영역은 대한민국의 열차 안, 그리고 열차 역을 포함한 철도 시설이다. 이 영역에서 경찰공무원의 권한을 갖고 치안 유지를 한다. 가상이지만 만약 영화 〈부산행〉처럼 부산행 열차에서 좀비가 나타나면 철도범죄 신고센터(1588-7722)로 신고하면 된다. 그러면 철도경찰직 공무원이 출동해 좀비와 사투를 벌일 것이다.

그런데 서울이나 인천 같은 도시의 지하철에서 활동하는 경찰은 철도경찰직 공무원이 아니다. 이들은 흔히 '지하철 수사대'로 불리는, 경찰청 소속 정식 경찰공무원이다. 철도경찰직 공무원은 국토교통부 소속의 공무원이다. 다시 말해, 지하철은 경찰, 기차는 철도경찰직 공무원이라 생각해도 된다. 즉 1장 '경찰공무원' 편에서 지하철의 소매치기범

을 잡은 사람은 철도경찰직 공무원이 아니라 '경찰공무원'
이다.

철도경찰직 공무원은 국가공무원이기에 국가공무원 공
채로 뽑는다. 9급 필기시험 과목은 국어, 영어, 한국사, 형
사소송법개론, 형법총론이다. 또한 범죄자를 상대하는 직
업이기에 윗몸일으키기, 악력 테스트, 20미터 왕복 오래달
리기 등의 체력 시험도 치러야 한다.

4) 등대관리직 공무원

보통 '등대지기'라는 서정적인 이름으로 불리는 등대관
리직은 어엿한 국가공무원이다. 해양수산부에 소속되며,
선발은 해양수산부 산하 기관인 각 지방 해양수산청에서
독립적으로 선발한다. 채용 공고도 각 해양수산청의 홈페
이지에 난다. 직렬은 '등대관리', 9급의 직급명은 '등대관리
서기보'이다. 9급부터 5급까지 공채로 선발하는데, 관련 자
격증과 관련 업무 경력이 있는 사람에게만 응시 기회를 준
다. 9급의 경우 전기, 전자기기, 건축목공, 기계정비, 용접,
동력기계정비, 항로표지 분야의 기능사 자격증이 있어야
하며, 해당 분야에서 1년 이상 근무한 경력이 필요하다.

등대관리직 공무원은 등대의 설비와 장비를 관리하는
일, 기상변화와 선박의 조난을 보고하는 일, 항로표지를 관

리하는 일 등을 한다.

5) 항공우주직 공무원(드론 공무원)

항공우주직 공무원은 경찰청에 소속된 국가공무원이다. 단, 경찰공무원이 아닌 일반직 공무원이다. 선발은 경찰청에서 하며, 채용 공고도 경찰청 홈페이지에 난다. 항공우주직 공무원은 드론 공무원으로 불리기도 한다. 9급 항공우주직 공무원은 경찰을 도와 드론으로 일한다. 사건사고 현장에 출동해 드론으로 상황을 파악하고, 드론으로 촬영한 영상을 분석하고, 드론 조종 교육도 한다. 드론과 관련된 행정업무도 담당한다.

9급 항공우주직은 서류전형과 면접으로 뽑는다. 서류전형은 자기소개서와 직무수행계획서로 평가한다. 직무수행계획서를 작성하는 요령은 채용 공고문에서 안내하고 있다. 간추려서 소개하면 다음과 같다.

❏ 직무수행계획서 작성 요령

1. 특별한 양식 없이 응시자가 자유롭게 기술한다.

2. 자신의 지식, 경험, 경력 등을 기초로 해서 응시분야와의 관련성을 중심으로 응시자가 이해하고 있는 응시분야의 대한 직무내용, 정책(사업)목표, 운영(분석)방법, 연구(설계)방안, 직무수행 계획 등을 작성한다.

3. 분량은 A4용지 4매 이내로 작성한다. 글씨 크기는 13 포인트로 한다.

9급 항공우주직에 도전하려면 다음 세 가지 조건 중 한 가지는 꼭 갖춰야 한다.

1. 아래 자격증 1개 이상 소지

기술사	기계, 산업기계설비, 전기응용, 산업계측제어, 전자응용, 컴퓨터시스템응용, 정보통신, 항공기관, 항공기체
기능장	기계가공, 전기, 전자기기, 통신설비
기사	일반기계, 메커트로닉스, 기계설계, 전기, 전자, 전자계산기, 정보통신, 전파전자통신, 무선설비, 방송통신, 항공
산업기사	컴퓨터응용가공, 생산자동화, 기계설계, 기계정비, 전기, 전자, 전자계산기제어, 정보통신, 전파전자통신, 무선설비, 방송통신, 항공

2. 아래 자격증 1개 이상 소지한 후 관련 분야에서 2년 이상 근무하거나 연구한 경력

기능사	컴퓨터응용선반, 기계가공조립, 생산자동화, 전산응용기계제도, 정밀측정, 전기, 전자기기, 전자캐드, 통신기기, 전파전자통신, 무선설비, 방송통신, 항공기관정비, 항공장비정비, 항공전자정비, 항공기체정비

3. 국제기능올림픽대회 항공정비 분야 입상

4. 항공 기업체, 드론 관련 기업체, 교육기관, 대학 등에서 드론 및 항공 제작, 드론 촬영, 드론 정비, 드론 교육 관련해 근무한 경력, 또는 드론 전문 교육기관에서 지도조종자로 일한 경력